Frei Wilter Malveira, OFMCap.

Discipulado dos
IMPERFEITOS

ANGELVS
EDITORA

```
Dados Internacionais de Catalogação na Publicação (CIP)
       (Câmara Brasileira do Livro, SP, Brasil)

    Malveira, Frei Wilter
       Discipulado dos imperfeitos / Frei Wilter
    Malveira. -- 1. ed. -- São Paulo : Angelus Editora,
    2021.

       ISBN 978-65-89083-14-6

       1. Alegria - Aspectos religiosos 2. Imperfeição
    3. Humildade 4. Religião I. Título.

21-87619                                        CDD-268
            Índices para catálogo sistemático:

    1. Discipulado : Cristianismo   268

    Maria Alice Ferreira - Bibliotecária - CRB-8/7964
```

1ª EDIÇÃO

DISCIPULADO DOS IMPERFEITOS
Copyright 2021 © Angelus Editora

Direção Editorial:
Maristela Ciarrocchi

Ilustração da Capa:
Luis Victor Melo Da Silva

Diagramação e projeto gráfico:
Maitê Ferreira

Revisão:
Tatiana Rosa Nogueira Dias

ISBN: 978-65-89083-14-6

Sumário

Dedicatória	5
Apresentação	7
Prefácio	9
Introdução	17
Capítulo 1	**23**
Discipulado dos Imperfeitos	23
A Imperfeição original	25
Chamados à Santidade	27
Santidade enquanto perfeição de vida cristã	35
O Mandato: Sede perfeito!	43
Capítulo 2	**53**
Santidade	53
Compreender o conceito de perfeição	55
A Santidade no cotidiano	60
A Perspicácia de quem busca a santidade	73
Duas considerações importantes sobre a busca pela santidade	79
O orgulho e a vaidade espiritual	84
Capítulo 3	**99**
Humildade	99
Discipulado e Humildade	101
Capítulo 4	**113**
Alegria	113
Discipulado e a alegria	115

Capítulo 5 — 127
Fracasso — 127
Discipulado e o Fracasso — 129

Capítulo 6 — 137
Amor — 137
O discipulado para o Amor — 139

Capítulo 7 — 151
Sofrimento — 151
Discipulado e o Sofrimento — 153

Capítulo 8 — 161
Violentos — 161
A Violência do Espírito Santo — 163
Jovens "violentos" no amor a Deus — 165
Os Calvários da Vida Cristã — 171
Parábola da Borboleta no Casulo — 176

Capítulo 9 — 179
Paciência — 179
Discipulado para a Paciência — 181
A paciência de Deus — 187
O pecado da Impaciência — 194
Paciência e confiança — 203

Capítulo 10 — 209
Filho mais velho — 209
Como o filho mais velho... — 211

Conclusão — 225
Os pés de Pavão — 227

Bibliografia — 241

Dedicatória

Dedico esta Obra a todos aqueles que, diante da minha mísera imperfeição, ao longo de toda minha vida, acolheram-me e foram misericordiosos comigo. Agradeço de forma especial ao meu Confrade Capuchinho e padrinho de Ordenação Sacerdotal: Fr. Roberto Magalhães (*In memoria*), que tantas vezes ouviu minhas confissões, me perdoou, aconselhou, motivou e foi sinal visível do amor e da misericórdia de Deus para mim. Nunca devemos esquecer quem usou de misericórdia conosco.

Apresentação

Louvado seja, meu Senhor, pela vida, vocação e missão do Frei Wilter Malveira, frade menor capuchinho da Província São Francisco das Chagas do Ceará e Piauí. Graduado em Filosofia pelo ICESPI – Instituto Católico de Ensino Superior do Piauí (2002-2004), Teologia pela FCF - Faculdade Católica de Fortaleza (2007-2010), Pós-graduação em Comunicação Social pelo SEPAC – Serviço à Pastoral da Comunicação/ PUC - SP (2019).

O Frei Wilter Malveira sempre mostrou uma mente e um coração abertos às luzes do Espírito Santo e a sua santa operação. Em sua experiência espiritual e pastoral, ele foi percebendo e acolhendo dons e graças do coração misericordioso do Pai. Mas logo, este confrade intui que a graça recebida da bondade do Pai não era só para ele, mas para o bem e o serviço das pessoas que cruzassem o seu caminho. Daí o valor e a necessidade de uma boa comunicação da espiritualidade. Por isso, ele cultiva sempre o cuidado da comunicação pessoal, mas também em níveis mais amplos, por meio das mídias sociais, palestras, retiros e na escrita. Nascendo daí o seu primeiro livro: *Caminhos de Reconciliação*.

Agora vem à luz o seu segundo livro com o título: "Discipulado dos Imperfeitos". A mensagem deste segundo livro é muito atual, pois, nos mostra com muita clareza o sentido e a prática de nossa experiência concreta de vida cristã na resposta ao chamado à vocação comum a santidade. A vida em santidade é um permanente e sincero **"processo"** de conversão, confiando na graça de Deus que nos sustenta e nos leva a superar nossos limites e imperfeições.

Vivemos a liberdade de filhos e filhas de Deus, na alegria e esperança, em nossa caminhada de discípulos imperfeitos. O livro está aberto. Boa leitura. Parabéns, Frei Wilter, que o Deus da vida pelas mãos de Maria, Francisco e Clara, derrame sempre mais dons em sua vida, e você os partilhe com todos os seus leitores.

Paz e Bem!

Dom Frei Geraldo Nascimento, OFMCap.
Bispo Auxiliar Emérito da Arquidiocese de Fortaleza - CE

Prefácio

"Quem quiser ser meu discípulo..."[1]

Estas palavras de Jesus, entendidas também como *"quem quiser me seguir"*, são o coração deste texto do meu confrade e sacerdote capuchinho Frei Wilter Malveira, já autor de outros importantes trabalhos no mundo da comunicação e espiritualidade em nossos dias, o mais conhecido, talvez seja o seu recente livro *Caminhos de Reconciliação*, com excelente repercussão e resultados, já com terceira edição impressa.

Frei Wilter é um jovem capuchinho cearense, "criado" no distrito de Redenção, cidade que se gaba de ter sido a primeira no Brasil a abolir a escravatura. Mas o referido distrito - Antônio Diogo - foi também importante território da missão dos Frades Capuchinhos que, também ali acudiam as pessoas afetadas pela hanseníase, num dos últimos leprosários do Ceará e do Brasil, a chamada "Colônia".

Certamente, em sua tenra idade, o futuro frei terá ouvido as histórias e testemunhos de seus familiares e conterrâneos a respeito do sofrimento desses "confinados" e quanto o serviço desinteressado e

---
[1] Cfr. Mt 16, 24; Mc 8, 34; Lc 9, 23-27.

heroico de muitos frades e irmãs aliviou as dores da doença, da discriminação e do abandono dessa parcela da população. Assim sendo, Frei Wilter traz do berço a sua vocação franciscana, num ambiente que, em muito, se assemelhava àquele do início da conversão de S. Francisco, levado pelo Espírito do Senhor a "fazer misericórdia" com os leprosos, em suas próprias palavras. Cronologicamente, no entanto, sua descoberta, discernimento e decisão na opção pela vida franciscana, capuchinha e sacerdotal, deram-se num recorte de tempo em que a espiritualidade da Renovação Carismática Católica permeou a recente caminhada da Igreja. Isso deu a ele inclinação pela vida de oração, leitura e meditação da Palavra, bem como um ardor missionário acompanhado de pregação inspirada e dedicação pastoral empolgada. A tudo isso, se somam duas importantes características franciscanas: simplicidade e alegria.

A simplicidade o fez mergulhar de maneira acurada na formação permanente pessoal e logo partilhá-la com o povo de Deus nas mais diversas formas. É a constatação de que precisava melhorar, crescer, aprimorar-se, para qualificar e otimizar o serviço ao povo de Deus a quem ele diariamente se dirige dizendo *"meu povo!"*. A alegria não é ainda aquela "perfeita" de que fala S. Francisco, mas é um claro resultado do suado e diuturno trabalho interior, constante, planejado e aberto às surpresas de Deus e, por isso mesmo, distante da rigidez estéril e da esquizofrenia da mera espiritualização da vida. O autor está nos dando aqui um fruto amadurecido de seu cultivo como homem e trabalhador na vinha do Senhor. Trata-se de um experimento do seu próprio discipulado.

Não se trata de um texto açucarado ou com cheirinho de leite de rosas. É uma coletânea de parábolas da vida, experiências humanas marcantes, dádivas espirituais e recortes de denso expansor intelectual. O contexto revela alguém que lê a Escritura Sagrada, os clássicos da espiritualidade de ontem e de hoje, os documentos da Igreja, os Papas e santos assim como autores inusitados e temas instigantes para a mente e a alma humana. Só por isso, já valeria a pena repassar suas abundantes e lapidadas citações de maneira clara e logo costuradas no tecido das experiências de vida, sobretudo num mundo como o nosso que lê pouco e mal, mesmo entre religiosos e sacerdotes.

Entretanto, não se tratando de um curso ou método de boa leitura e interpretação textual, aprende-se muito mais sobre a vida de um jovem consagrado nos dias de hoje, na segunda década do chamado "Novo Milênio". Como no passado, nosso tempo apresenta novos desafios e possibilidades. Isso aparece nas reações do autor às moções do Espírito mediante as multiformes propostas para seguir Jesus Cristo, numa sociedade em que, culturalmente, podemos fazer o que bem entendermos da vida sem ter que dar satisfações a ninguém. Pois bem, o autor conduz o leitor pela mão num caminhar entre a experiência pessoal, às vezes até íntima, beirando à confissão, até à vivência comunitária da fé e suas implicações nos mais diversos estados de vida: casais, consagrados, crianças, jovens, adultos, idosos, gente simples e ou abastada. Todos, porém, imperfeitos, incompletos e sedentos aprendizes daquele que se definiu *"O Caminho, a Verdade e a Vida"*[2].

Rios de tinta e palavras já foram empregados para ajudar-nos a ser discípulos de Jesus. Ele mesmo, qual único e perfeito Mestre, coloca um condicional "se" ao nosso "querer" segui-lo. Homens e mulheres de todos os tempos e condições já tentaram, como nós tentamos agora, seguir a *via da perfeição* (melhor seria dizer do aperfeiçoamento) cristã. Iniciativas de regulamentar um modo de viver, estilos de oração e penitência, buscas intelectuais e vias místicas, regras, ordens, congregações, comunidades, movimentos.... Tudo isso não passa de uma legião de imperfeitos discípulos em busca das pegadas do Senhor.

A este esforço para subir à *"estatura de Cristo"*[3] no dizer do apóstolo Paulo, a espiritualidade cristã

---
2 Cfr. Jo 14, 6.
3 Cfr. Ef 4, 13.

chamou de *ascese*[4]. Entretanto, uma coisa é pensar isso há séculos ou milênios, com bucólicas imagens de filósofos e seus discípulos em lições peripatéticas ou monges e eremitas fundando comunidades austeras e afastadas das grandes cidades, e outra coisa é ser asceta de Cristo na era digital como nós.

Esta talvez seja, portanto, a principal utilidade deste livro. Não é um manual de conduta moral e religiosa, mas uma instigante aventura interior de quem se coloca a caminho reconhecendo seu lugar e condição de discípulo: atrás, seguindo e jamais à frente de Cristo! A heresia do perfeccionismo hipócrita, lamentavelmente, infecta muitos sedimentos do corpo de Cristo que é a Igreja. Se há "espinhos na carne" como confessa Paulo, alguns só querem ser os espinhos de ouro. A propalada polarização ideológica, política, econômica e religiosa não passa de uma reciclada *lei do puro e impuro* veementemente confrontada pela prática misericordiosa de Jesus.

O texto quer nos ajudar a ver o seguimento de Cristo não como um vestibular para a canonização de todos os santinhos, mas como uma lição quotidiana de como vencer o puritanismo não pelo mero "bonismo" ou achismo, mas amadurecendo humanamente

---

[4] Do grego *áskēsis*. Tanto na ética filosófica quanto religiosa designa um esforço para a prática perfeita de algo: raciocínio lógico, esporte, luta, fé etc.

nossas atitudes ao ponto de deixar a palavra de Cristo orientar nossas decisões e práticas. Isso inclui sim, a busca de hábitos saudáveis para os nossos sentidos, para que assim a pessoa inteira (incluindo o corpo) seja salva, reencontre-se, oriente-se, centre-se. Mas, também há uma elasticidade que salva: aquela que enxerga a grandeza infinita de Deus nas coisas minúsculas e gratuitas, nas pessoas descartadas e nos lugares "impuros" e mal frequentados. De fato, tudo isso é a imagem do coração humano que procura o seu Criador desde sempre e, não poucas vezes o busca no mal, porque pensa ser um bem momentâneo para si, como nos diz Santo Agostinho.

Sobretudo este livro nos inspira a não desistirmos de ser bons! E, se já o formos, nos estimula a ser ainda melhores! A mesmice e a mediocridade nunca geraram outros filhos além do conformismo, da omissão e consequente frustração. Pois bem, o discípulo, o aprendiz, o servo de Jesus devem sorver das suas virtudes como verdadeiro Homem e tomar posse da sua Graça como verdadeiro Deus. Somente assim a letargia que paralisa o servo medroso nos abandonará e os talentos renderão cem vezes mais; a segurança ilusória do bem-intencionado homem rico nos abandonará e deixaremos tudo e todos por tesouro maior; a completeza arrogante dos doutos e sábios tornar-se-á sabedoria dos pequeninos a quem o Pai revelou seus segredos de amor. Enfim, lendo este livro encontraremos páginas da nossa própria vida de discípulos imperfeitos. E se temos ainda "páginas coladas" em nosso diário de bordo, o texto é uma ocasião de confronto para abrir-nos a uma releitura com os olhos de Deus sobre nós.

Agradeço e parabenizo ao meu irmão Frei Wilter pelo primoroso trabalho, fundamentado em louvável experiência humana, substancioso estrado intelectual e, sobretudo, sincera partilha de sua experiência espiritual de quem continua querendo ser discípulo do Senhor com todas as imperfeições e bênçãos deste caminho.

Paz e bem!

Fr. Francisco Lopes, OFMCap.
Sacerdote Capuchinho
Mestre em Teologia da Comunicação pela Pontifícia Universidade Lateranense – Roma

Introdução

Nesta minha caminhada de fé, como cristão, religioso capuchinho e sacerdote católico, discípulo do Mestre Jesus, normalmente todo início de ano, Deus me presenteia com algum tema específico e que, naturalmente, vai tomando conta dos meus pensamentos, sentimentos e ações no decorrer do ano que segue.

Eu percebo que a inspiração nasce de uma experiência de oração, uma leitura orante, alguma partilha fraterna, um momento celebrativo, um instante doloroso ou até mesmo uma circunstância simples e ordinária da vida. É algo bem interessante, é como se Deus me desse nestas ocasiões 'a ponta de um novelo' e que à medida que eu começo a puxar vou percebendo mais e mais beleza a cada nova descoberta. E o que é notável é que isso tem sido motivo de graça não só para mim, mas para tantas pessoas das quais sou responsável de ajudar a estar mais perto de Deus e alcançar a salvação.

Em 2020, vivendo tempos pandêmicos muito difíceis, a partir de uma autoavaliação dos meus passos, do meu processo de amadurecimento pessoal humano e espiritual, uma palavra sempre se sobressaía e chamava minha atenção, era ela *Imperfeição*.

Se pararmos para meditar, a imperfeição e a busca pela santidade está presente na história da salvação desde Adão e Eva até os nossos dias. Deus se usa de pessoas imperfeitas para construir a sua história de amor com a humanidade. Se lemos e estudamos um pouco mais sobre a genealogia do próprio Jesus (cf. Mt 1, 1-17) iremos encontrar Tamar, nora de Jacó que o engana e seduz (Gn 38), Raab, a prostituta que escondeu os espiões (Js 2). Rute, a estrangeira moabita e Betsabeia, a adúltera mãe de Salomão (II Sm 11). Mulheres de má fama, mas que fazem parte das gerações, da história humana de Jesus. Ele, sem pecado, no batismo, entra na fila dos pecadores para se fazer solidário a nós. Ele é Emanuel, Deus conosco. "O Verbo se fez carne e habitou entre nós" (Jo 1, 14). Ele habitou e não de forma aparente, mas nos habitou e amou concretamente na verdade do nosso ser.

O termo discípulo (*Mathetés*), deriva do verbo grego *Manthánо* (aprender), significa literalmente "aquele que aprende", um aluno. Os autores do Novo Testamento não inventaram essa palavra, pois ela já era utilizada no mundo grego clássico e helenístico. Os evangelistas usam este termo num sentido mais específico de "seguidor". Em suma, discípulo é aquele que se dispôs a viver um discipulado. Um aprendizado. Ele "vai atrás" seguindo um Mestre e sendo ensinado por ele. Esta dinâmica aconteceu com os primeiros discípulos de Jesus, mas deve acontecer com todos os batizados em nome do Pai, do Filho e do Espírito Santo. Com aqueles que se tornaram cristãos. Seguidores do Cristo Senhor. Imperfeitos, mas chamados por Ele.

A imperfeição era uma marca evidente na vida daqueles que Jesus chamou e elegeu. Os discípulos não formavam um time, uma elite de pessoas irrepreensíveis, prontas e perfeitas. Não eram os melhores, os certinhos, segundo o nosso crivo de merecimentos. Eram normais, gente como a gente e frágeis como nós. E porque a pedagogia d'Ele é essa. Escolhendo os piores ao invés dos melhores. Ele como o bom Mestre sabe o porquê. Cabe-nos aceitar.

Algo importante a ser considerado sobre os doze eleitos por Jesus. Eles eram galileus. Isso já os colocava numa posição de inferiores aos demais judeus. Encontramos entre eles dois irmãos apelidados de "filhos do trovão" por seus temperamentos irados; um desconfiado e incrédulo; um interesseiro e traidor que só pensava na bolsa de dinheiro; um impulsivo, teimoso, cabeça dura e colérico que cortou a orelha de um soldado. Outros medrosos que fugiram diante da ameaça de morte do seu Senhor. Jesus escolheu um cobrador de impostos, um pecador público, um corrupto para ser um de seus discípulos. A regra que uniu a todos foi o sim ao chamado do Nazareno que os atraiu e tocou os seus corações. O desejo concreto de segui-lo e ter suas vidas transformadas por Ele.

A vivência da espiritualidade cristã, o nosso discipulado cotidiano é sempre um terreno propício onde podemos provar a crueza nas nossas imperfeições e tentar superá-las, como aqueles que aprendem com o Divino Mestre, até alcançar a santidade de vida que Ele nos pede.

Para viver o discipulado é necessário se desestabilizar. Assumir inseguranças. Sair da própria zona de conforto. Aprender a viver diferente. Abandonar um antigo estilo de vida para assumir um jeito novo de viver. E isso nem sempre é fácil. Não foi fácil para os apóstolos, não será fácil para nós e nem para aqueles que um dia irão também assumir este discipulado.

O teólogo Dietrich Bonhoeffer (1906-1945), em seu livro *Discipulado*, usa palavras fortes para falar desta necessária mudança radical que um discípulo precisa viver para seguir verdadeiramente ao Cristo.

> *Ser discípulo significa dar determinados passos. Já o primeiro passo, que é consequência imediata do chamado, separa o discípulo de sua existência anterior. Assim, o chamado ao discipulado cria imediatamente uma nova situação. É absolutamente impossível conciliar a existência anterior com o discipulado. A princípio, isso era bem visível. O publicano teve de abandonar a coletoria; Pedro teve de deixar as redes para trás, a fim seguir Jesus. Segundo nosso modo de entender, poderia ter havido, já naquela época, outras possibilidades. Por exemplo, Jesus poderia ter disponibilizado ao publicano um novo conhecimento de Deus e permitido que ele continuasse*

em sua antiga situação. Isso teria sido possível, se Jesus não fosse o Filho de Deus que se fez humano. Uma vez que Jesus, todavia, é o Cristo, tudo tinha de ficar evidente desde o início, isto é, que sua mensagem não é uma nova doutrina, mas a criação de uma nova maneira de ser.[5]

Jesus chama, mas não obriga ninguém a segui-lo. Porém, para ser seu discípulo é preciso estar disposto a aprender e reaprender o que for necessário para tornar-se um autêntico discípulo. Esta "nova maneira de ser" vai nos levando a pensar, sentir e agir como o Mestre. É nesta "nova maneira de ser" que a santidade vai acontecendo nas entre linhas da nossa vida. É assim que as nossas imperfeições vão sendo superadas e transformadas em uma perfeita vida cristã. Temos esperança de que um dia, no constante instante da felicidade eterna, quando gozarmos do abraço eterno de Deus, contemplando-o face a face, no amor seremos definitivamente perfeitos Nele, Com Ele e para Ele.

---

5 BONHOFFER, Dietrich. *Discipulado*. Trad.: Murilo Jardelino e Clélia Barqueta. 1ª edição. São Paulo: Mundo Cristão, 2016. pp. 36-37.

Capítulo 1

Discipulado dos Imperfeitos

*"Depois subiu ao monte e chamou os que Ele
quis. E foram a Ele. Designou doze dentre
eles para ficar em sua companhia."*
(Mc 3, 13-14)

A Imperfeição original

A imperfeição humana é própria de todos os seres humanos, desde a nossa concepção como afirma o salmista: *"Eis que nasci na culpa, minha mãe concebeu-me no pecado." (Sl 50, 7).* Segundo nossa fé cristã, nascemos marcados pela mancha do pecado original. Trata-se de *"um pecado 'contraído' e não 'cometido', um estado e não um ato." (CIC, 404).* O gênero humano inteiro é em Adão como um só corpo. O pecado dos nossos primeiros pais afetou toda natureza humana.

Fomos criados por Deus originais e perfeitos à sua imagem e semelhança, mas, a partir desobediência primeira, fomos marcados existencialmente pela realidade da imperfeição em nós, como afirma São Paulo: *"Pela desobediência de um só homem, todos se tornaram pecadores." (Rm 5, 19).*

O Catecismo nos diz:

> *O homem, tentado pelo Diabo, deixou morrer em seu coração a confiança em seu Criador e, abusando de sua liberdade desobedeceu ao mandamento de Deus. Foi nisto que consistiu o primeiro pecado do homem. Todo pecado, daí em diante, será uma desobediência a Deus e uma falta de confiança em sua bondade... (CIC, 397)*

O sacramento do batismo vem apagar em nós a mancha do pecado original, mas a inclinação (concupiscência) para pecar permanece em nós. A Igreja nos ensina: *"As consequências de tal pecado original sobre a natureza, enfraquecida e inclinada ao mal, permanecem no homem e o incitam ao combate espiritual."* (CIC, 405).

Precisamos estar conscientes de que a lutar para conquistar a santidade, dura o tempo de uma vida inteira. A condição humana é limitada, portanto, imperfeita. Até o nosso último suspiro caminharemos entre este tênue limite do certo e errado, luz e treva, graça e pecado, puro e impuro, perfeição e imperfeição, condenação e salvação. Cada pessoa, a partir da sua história, dos seus limites e potências. Alguns com passos firmes e outros com passos mais lentos. Mas o mais importante é permanecer buscando. Pelejando sempre alcançar o alvo que é a vida eterna.

Uma frase de São Paulo que marcou muito a minha vida de fé, principalmente às vésperas da minha ordenação sacerdotal, foram estas palavras que me fizeram rezar profundamente:

> *Não pretendo dizer que já alcancei (esta meta) e que cheguei à perfeição. Não. Mas eu me empenho em conquistá-la, uma vez que também eu fui conquistado por Jesus Cristo. Consciente de não tê-la ainda conquistado, só procuro isto: prescindindo do passado e atirando-me ao que resta para frente, persigo o alvo, rumo ao prêmio celeste, ao qual Deus nos chama, em Jesus Cristo. Nós, mais aperfeiçoados que somos, ponhamos nisso o nosso afeto; e se tendes outro sentir, sobre isto Deus vos há de esclarecer. Contudo, seja qual for o grau a que chegamos, o que importa é prosseguir decididamente. (Fl 3, 12-16)*

Somos sim, frágeis, limitados, imperfeitos, pecadores, mas conquistados pelo amor e pela graça de Deus, manifestado a nós no sacrifício redentor de Cristo no alto da Cruz, conduzidos pelo Santo Espírito, todos nós podemos buscar e alcançar a graça da santidade. Em Cristo, nós temos a força de resistir e lutar contra o pecado. A realização dos planos do Senhor para nós, seus filhos amados. Portanto, não importa quanto tempo já tenhamos na vida de fé, de caminhada com Deus, se tenha 15 anos como o Beato Carlo Acutis ou se já tenha 81 anos como São Padre Pio de Pietrelcina, o importante é que continuemos buscando *"prosseguir decididamente"* na busca por uma vida em santidade e pela perfeição cristã na glória do Céu.

Chamados à Santidade

O povo de Deus sempre foi convocado a buscar a santidade de vida. No livro do Levítico lemos: *"pois eu sou o Senhor, vosso Deus. Vós vos santificareis e sereis santos, porque eu sou santo."* (Lv 11, 44). O mesmo Senhor ordena a Moisés: *"Dirás a toda a assembleia de Israel o seguinte: sede santos, porque eu, o Senhor, vosso Deus, sou santo"* (Lv 19, 2).

No livro do Gênesis, o Senhor aparece a Abrão e diz: *"Eu sou Deus Todo-poderoso. Anda em minha presença e sê íntegro." (Gn 17, 2)*. Já vi em outras traduções bíblicas *"ser honrado"* e ouvi, numa pregação, o pregador usando esta passagem lendo: *"Anda na minha presença e sê perfeito"*. Independente de qual tradução seja usada, estas palavras: uma santidade de vida, uma integralidade, uma honra, elemento que sugere uma coerência de vida, uma retidão, um comportamento que tem aqui como espelho o próprio Deus que é Santo. Estar em sua presença, ouvir, obedecer e seguir os seus ensinamentos.

A santidade nasce do chamado que Deus nos faz a participar de sua vida, do seu projeto e do seu Reino de amor. Trata-se de se abrir ao plano de amor que Deus reservou para cada um de nós.

O Papa Francisco, no dia 19 de março de 2018, solenidade de São José, de quem ele é muito devoto, lançou para todos os fiéis a Exortação apostólica *Gaudete et Exsultate* sobre o chamado à santidade no mundo atual. Um documento admirável, profundo, leve e o que mais me impressionou, acessível. O pontífice fala da santidade numa linguagem tão simples e compreensiva. Mostra a santidade como algo possível a todos os batizados. Exorta-nos dizendo:

> *A santidade é o rosto mais belo da Igreja (...) Uma pessoa não deve desanimar, quando contempla modelo de santidade*

> *que lhe parece inatingível (...) Importante é que cada fiel entenda o seu próprio caminho e traga à luz o melhor de si mesmo, quanto Deus colocou nele de muito pessoal, e não se esgote procurando imitar algo que não foi pensado para ele (...) Todos somos chamados a ser santos, vivendo com amor e oferecendo o próprio testemunho nas ocupações de cada dia, onde cada um se encontra.*[6]

Infelizmente, muitas vezes a santidade ainda é entendida ou como algo quase impossível, inatingível ou também é vista por muitos como posturas alienantes, piegas, beatices estranhas, carolices, uma vida cheia só de "não pode".

Nos retiros que prego e nos atendimentos de orientação e aconselhamentos espirituais individuais que faço, sempre encontro pessoas muito bem-intencionadas, mas por vezes, muito mal orientadas e esclarecidas a respeito do que seria, de fato, uma busca pela santidade e o alcance de uma perfeição de vida cristã. Já encontrei fiéis muito angustiados e aflitos por quase nunca conseguirem atingir rapidamente um perfeito cumprimento dos seus deveres religiosos assumidos. Que muitas vezes, trata-se de um programa de vida rigoroso com inúmeras obrigações religiosas a serem cumpridos criteriosamente e que, embora sejam para um grande bem, acabam causando um grande mal. Principalmente porque geram um medo doentio e um sentimento de culpa que, por vezes, não

---

6 FRANCISCO. Exortação Apostólica *Gaudete et Exsultate*. nº 9, 11, 14.

passa ao arrependimento sincero que leva à santidade.

Quando no coração do cristão prevalece o sentimento de culpa e o medo, por não conseguir sempre atingir perfeitamente o cumprimento dessas normas propostas e às vezes impostas, transformam-se em ferramentas de destruição da vida espiritual, pois se convertem em vergonha, autodepreciação, desânimo, desespero e consequentemente pode levar a prejuízos espirituais e emocionais e ao abandono total da caminhada de fé. Em minha experiência como diretor espiritual e confessor, infelizmente já vi muito isso acontecer.

Por não conseguirem atingir perfeitamente todas as suas grandes "metas espirituais", muitos cristãos acabam tornando-se pessoas tristes, decepcionadas e frustradas consigo mesmas; profundamente inquietas e com um sentimento de culpa elevadíssimo, uma baixa autoestima e uma relação com Deus formal, delicada e fria. Enquanto deveria ser profunda, íntima leve e amorosa.

O eu real de cada um que toca o seu existencial em seus contrários, limites e imperfeições, fica muito aquém do eu ideal que é proposto ou imposto como perfeito e necessário a se conquistar. Gera-se, como dizia acima, na cabeça do fiel um padrão de espiritualidade tão elevada e difícil que em um dado momento acaba cansado, desanimando e fazendo desistir. Mas então o que fazer diante das mais constantes quedas, frutos das nossas imperfeições?

É necessário: fé, serenidade, humildade, confiança e perseverança. O santo bispo e doutor da Igreja, São Francisco de Sales, nos dá estes conselhos valiosíssimos:

> *Quando caíres, levanta-te com uma grande serenidade, humilhando-te profundamente diante de Deus e confessando--lhe a tua miséria, mas sem te admirares da tua queda. Pois que há de extraordinário em que a enfermidade seja enferma, e a fraqueza fraca, e a miséria miserável? Detesta, sim, com todas as tuas forças a ofensa que fizestes a Deus, e depois, com uma grande coragem e confiança na sua misericórdia, volta a empreender o caminho da virtude que havias abandonado. (Introdução à vida devota, III, 9)*[7]

Somos falíveis. Até o último suspiro de nossas vidas sobre a Terra, estaremos sujeitos a cair e recair em nossos pecados. Nossas más inclinações estarão em nós até o limiar da nossa vida terrena. Falhas, erros, limites, pecados, imperfeições serão em nós sempre, até à sepultura, realidades a serem administradas, vencidas, curadas e superadas. Mesmo que São Paulo tenha pedido a Deus por três vezes para que ele retirasse o seu "espinho na carne", ele não o tirou, e disse somente: *"basta-te minha graça, porque é na fraqueza que se revela totalmente a minha força." (II Cor 12, 9).*

---

[7] TISSOT, Joseph. *A arte de aproveitar as próprias faltas.* pp. 23-24.

Diante da evidência das próprias imperfeições e pecados, o caminho não será jamais o desespero e o desânimo, pois esses sentimentos são os venenos mais letais do Demônio para a nossa caminhada de fé. O amor-próprio egoísta e o orgulho, muitas vezes nos leva ao sentimento de culpa, mas não ao sincero arrependimento. Qual a diferença? Gosto de dar esse exemplo: Qual a diferença da postura de Judas e Pedro diante do pecado da negação e da traição? Um, tomado por um sentimento de culpa, reconheceu o seu pecado, mas não acreditou que a misericórdia do Senhor fosse maior que a sua culpa, por isso se desesperou. Já Pedro, tomado de um sincero arrependimento, chorou amargamente o seu pecado e voltou a Jesus e confiou e se entregou a sua misericórdia.

O Cardeal Frei Raniero Cantalamessa, pregando na Sexta-Feira Santa do ano de 2014, na Basílica de São Pedro sobre o pecado de Pedro e Judas Iscariotes, disse:

> *Então, o que faremos, portanto, nós? Quem seguiremos, Judas ou Pedro? Pedro teve remorso pelo que ele tinha feito, mas também Judas teve remorso, tanto que gritou: "Eu traí sangue inocente!", e devolveu as trinta moedas de prata. Onde está, então, a diferença? Em apenas uma coisa: Pedro teve confiança na misericórdia de Cristo, Judas não! O maior pecado de Judas não foi ter traído Jesus, mas ter duvidado da sua misericórdia.* [8]

---

[8] https://www.acidigital.com/noticias/integra-homilia-de-frei-raniero-cantalamessa-na-celebracao-da-paixao-do-senhor-no-vaticano-56731

Lembro-me, de meu primeiro ano no convento, ainda muito jovem, estava fazendo um acompanhamento de direção espiritual com um sacerdote jesuíta chamado Pedro Maione, homem muito santo, sábio e que teve muita paciência para comigo. Certa vez, o procurei muito chateado e triste, pois havia caído em um mesmo pecado que há muito tempo buscava superar e que me deixava muito mal. Ele me ouviu sereno e percebendo a raiva nas minhas palavras porque tinha caído novamente depois de um tempo de luta. Olhou-me firme e com voz forte disse: *"Você está arrependido ou com raiva porque pecou? Se for só raiva porque pecou, isso é orgulho, mais outro pecado a ser confessado!"* Naquele momento, recebi uma das maiores lições da minha vida. Diante do meu pecado só me resta o arrependimento sincero, o mergulho absoluto na misericórdia de Deus e o recomeço em busca do cumprimento da vontade de Deus em minha vida. Ensina um grande escritor cristão: *"depois de cada fracasso, levante--se e tente de novo. Muitas vezes, a primeira ajuda de Deus não é a própria virtude, mas a força para tentar de novo."* (LEWIS, 2014).

Um passo significativo para vencer nossas imperfeições é aceitar que elas existem. E não ficar dissimulando, justificando, mascarando-as. Gosto da sinceridade de quando a salmista reza: *"Então eu vos confessei o meu pecado, e não mais dissimulei a minha cul-*

pa. Disse: 'Sim, vou confessar ao Senhor a minha iniquidade'. E vós perdoastes a pena do meu pecado." (Sl 31, 5).

A santidade deve ser sim, a meta de todo batizado e verdadeiro discípulo do Mestre Jesus. Porém, precisamos de humildade, calma, serenidade e paciência. Pois a conversão não acontece de forma imediata e instantânea. É no discipulado que aprendemos a ser autênticos discípulos. A santidade é gradativa e normalmente pode até ser lenta. Vai depender do ritmo de cada um. Como se faz a lapidação de uma pedra bruta para extrair o diamante; Como se prepara uma suculenta comida; Como se pinta uma bela obra de arte; Como se escreve um bom livro; Como se compõe uma bela música; Como se esculpe uma linda escultura. Deus trabalha em nós como um artista atento, cuidadoso que coloca amor nos mais simples e pequenos detalhes. Ao final certamente a obra será a mais linda e definitivamente, de fato, perfeita. Deus trabalha assim em cada um de nós.

Santidade enquanto perfeição de vida cristã

Observando e rezando o cotidiano da vida, principalmente no exercício pastoral da vida missionária. Lendo e meditando sobre este tema da santidade notei que sempre aparece a palavra perfeição. E admito que durante muito tempo eu entendia as duas palavras praticamente como sinônimas. Perfeição é santidade e santidade é perfeição. Elas se encontram e sempre complementam, mas devemos compreender que uma vida em santidade, portanto, um processo sincero de conversão, de intimidade com Deus e cumprimento de sua vontade vai gerar uma vida perfeitamente cristã. Uma é caminho, a outra é resultado. Aqueles que são reconhecidos como beatos e canonizados pela Igreja, são perfeitos modelos de vida cristã, porque buscaram viver uma vida santa, apesar de suas imperfeições humanas.

Os autores do Novo Testamento e os seus sucessores mais imediatos, escreviam sobre uma "perfeição da vida cristã" ou "perfeição espiritual" como um autêntico testemunho de vida santa, ou seja, uma vida conduzida pelo Santo Espírito de Deus.

A palavra *perfeição* e *santidade* em algum momento, pode-se dizer que são a mesma coisa, por exemplo. Alguém que foi canonizado pela Igreja e é reconhecido como santo ou uma santa. Ele é colocado nos altares como um perfeito exemplo de vida cristã que alcançou a glória do Céu.

São Francisco de Assis era chamado *Espelho de perfeição*. Pois encarnou plenamente o Evangelho de Jesus em sua vida. Os estigmas são as marcas visíveis desta união perfeita entre Francisco e Cristo. Porém, o pobrezinho de Assis, até o fim da vida, nunca se nomeou ou se achou perfeito. Mas se achava um miserável pecador. Afirmava que a única coisa que temos de próprio. Que é nosso mesmo. São os nossos pecados. O resto é tudo graça de Deus. Nos escritos do Seráfico Pai São Francisco há um texto em que ele descreve o que seria um frade perfeito.

> *Dizia que seria bom frade menor aquele que tivesse a vida e as qualidades destes santos frades: isto é: a fé de Frei Bernardo, que a teve de forma perfeita com o amor à pobreza; a simplicidade e a pureza de Frei Leão, que foi realmente de uma pureza santíssima; a cortesia de Frei Ângelo, que foi o primeiro cavaleiro que veio para a ordem e que era ornado de toda a cortesia e bondade; o aspecto gracioso e o senso natural com a fala bonita e devota de Frei Masseu; a mente elevada em contemplação que Frei Egídio teve até a máxima perfeição; a virtuosa e constante oração de Frei Rufino, que rezava sempre, sem interrupção: mesmo dormindo ou fazendo alguma coisa tinha sempre seu espírito com o Senhor; a paciência de Frei Junípero, que atingiu um estado perfeito de paciência, por causa da perfeita verdade da própria vileza, que tinha continuamente diante dos olhos, e um ardente desejo de imitar a Cristo no caminho da cruz; o vigor corporal e espiritual de Frei João das Laudes, que, naquele tempo, ultrapassou todos os homens em força física; a caridade de Frei Rogério, cuja*

> *vida inteira e comportamento estavam no fervor da caridade; e a solicitude de Frei Lúcido, que teve grandíssima solicitude e não queria morar quase um mês no mesmo lugar, mas quando lhe agradava ficar num lugar, imediatamente se afastava e dizia: "Não temos morada aqui (cf. Hb 13,14), mas no céu".[9]*

Para o Seráfico Pai São Francisco a perfeição de um frade está na fraternidade. Na união das virtudes de cada irmão. Ninguém é detentor e proprietário sozinho de todas as qualidades e virtudes. A perfeição se realiza quando cada um dispõe dos dons que recebeu de Deus para o bem comum. Cada irmão é acolhido como um dom de Deus que com as suas vidas virtuosas edificam toda a Fraternidade, a Igreja e o mundo. O frade perfeito é aquele que saber perceber, acolher e amar tudo aquilo que o Senhor manifesta por meio do Irmão. Seria muito bom se hoje nós aprendêssemos e praticássemos esta santa percepção de perfeição de São Francisco de Assis.

Em suas primeiras meditações para o Papa Francisco no Advento de 2013, o Cardeal Raniero Cantalamessa, fala a respeito do relato acima e afirma:

> *A resposta do Pobrezinho de Assis ao Frei Masseo era sincera, mas não era verdadeira. Na realidade, todo o mundo admira e é fascinado pela figura de São Francisco porque vê realizado nele aqueles valores a que os homens aspiram: a liberdade, a*

---

9 FONTES FRANCISCLARIANAS. *Espelho da Perfeição* (Maior) nº 85, pp. 1080-1081.

paz consigo mesmo e com a criação, a alegria, a fraternidade universal. [10]

O pobrezinho de Assis se tornou um modelo de vida cristã, mas em nenhum modelo ele se percebeu assim. Ao contrário, quanto mais o exaltavam, mais ele fugia dos reconhecimentos e se mostrava um miserável pecador. Uma pessoa que vive uma vida santa nunca se reconhecerá a si mesma como santa e perfeita. Jamais se julga alguém melhor do que os outros, um ser infalível. Ao contrário, foge das honras, pois se percebe fraco, um pobre e miserável pecador. Assim se reconhecia São Francisco, mesmo quando todos já o enalteciam como um santo em vida.

Para Santa Teresa d'Ávila em seu livro *Caminho de perfeição*, a doutora da Igreja, ensina as suas monjas sobre a importância das virtudes da humildade e do desapego a si mesmas. Ressalta que quem possui estas qualidades, mesmo sem perceberem, conseguem exalar naturalmente o perfume destas necessárias virtudes. Vejamos:

> *Resta desapegarmo-nos de nós mesmas. É bem duro separarmo-nos de nós mesmas, sermos contra nós mesmas, porque somos muito agarradas ao nosso eu e nos amamos excessivamente. Aqui entra a verdadeira humildade. Esta virtude, a meu ver, anda sempre junto com o desapego. São duas irmãs inseparáveis. Certo é que a humildade e o desapego têm a propriedade de se esconderem de quem as*

---

10 CANTALAMESSA, Raniero. *Apaixonado por Cristo*: O segredo de Francisco de Assis. pp. 48-49.

possui, de maneira que nunca as vê, nem se persuade de as ter, mesmo que lhe digam. É bem fácil descobrir os humildes e desapegados. Sem percebem dão-se logo a conhecer.[11]

É muito evidente esta constatação no Seráfico Pai São Francisco. Encontramos nas Fontes Franciscanas um relato da vida do pobrezinho de Assis que mostra exatamente esse espírito desapegado e uma profunda e humilde consciência de sua própria fragilidade e miséria humana. Observemos com atenção.

> *Um dia, voltando São Francisco de orar no bosque, e ao sair do bosque, o dito Frei Masseo quis experimentar-lhe a humildade. Foi-lhe ao encontro e, a modo de gracejo, disse: "Por que a ti? Por que a ti? Por que a ti?" São Francisco respondeu: "Que queres dizer?" Disse Frei Masseo: "Por que todo o mundo anda atrás de ti e toda a gente parece que deseja ver-te e ouvir-te e obedecer-te? Não és homem belo de corpo, não és de grande ciência, não és nobre: donde vem, pois, que todo o mundo anda atrás de ti?" Ouvindo isto, São Francisco, todo jubiloso em espírito, levantando a face para o céu por grande espaço de tempo, esteve com a mente enlevada em Deus. E depois, voltando a si, ajoelhou-se e louvou e deu graças a Deus. E depois, com grande fervor de espírito, voltou-se para Frei Masseo e disse: "Queres saber por que a mim? Queres saber por que a mim? Queres saber por que todo o mundo anda atrás de mim? Isto recebi dos olhos de Deus altíssimo, os quais em cada lugar contemplam os bons e os maus. Porque aqueles olhos santíssimos não encontraram entre os pecadores nenhum mais vil nem mais insuficiente nem maior pecador do que eu. E assim, para realizar esta operação maravilhosa, a qual entendeu de fazer, não achou outra criatura mais vil sobre a terra. E por isso me escolheu para confundir a nobreza, e a grandeza e a força e a beleza e a sabedoria do mundo. Para que se reconheça que toda a virtude, e todo o bem é dele e não da criatura, e para que*

---

11 Santa TERESA DE JESUS. *Caminho de Perfeição*. Cap. 10. p. 66.

ninguém se possa gloriar na presença dele. Mas quem se gloriar se glorie no Senhor, a quem pertence toda a honra e glória na eternidade.[12]

São Francisco de Assis, um dos santos quem mais se assemelhou ao Cristo a ponto de receber no seu próprio corpo os estigmas, as marcas da Paixão do Senhor, nunca, jamais, se vangloriou de tudo o que Deus operava nele e através dele. Ao contrário, se considerava o *"mais vil"*, o mais *"insuficiente"* e o *"maior pecador"* dentre todos os pecadores. E isso não é falsa modéstia. Mas profunda e sincera humildade de quem sabe que sem a graça de Deus ele não é nada. Por isso, seguro da sua total dependência da bondade, do amor e da graça de Divina, Francisco rezava sempre: *Meu Deus e meu Tudo*.

Não adianta se iludir e pensar que conseguiremos uma vida santa apenas confiando em nossas próprias forças e boas intenções. Inclusive há um ditado que diz que: *"De boas intenções o inferno está cheio"*. É importante sim, ter em nossos corações boas e santas intenções, mas se faz necessário ainda, apoiados na graça de Deus, buscarmos dentro de nossas possibilidades, colocar em prática essas boas e santas intenções.

---

12 FONTES FRANCISCLARIANAS. *VI Anexos/* i Fioretti. Cap. 10. p. 1505.

André Daigneault em seu livro *Caminho da imperfeição*, cita Jean Vanier que afirma:

> *O que importa é que caminhemos com o que somos que tomemos consciência das nossas dificuldades e que as aceitemos; de outra forma, criaremos ideais tão altos que nunca poderemos atingir. O discípulo de Jesus não é chamado à virtude, mas à santidade e a santidade não é a procura de uma perfeição humana centrada nos nossos esforços ou na nossa generosidade. É por isso que os mestres espirituais consideram a busca da perfeição por si mesmo como um narcisismo demoníaco e não cessam de denunciar como uma armadilha no domínio religioso.*[13]

A busca pela santidade é um processo, um caminho a ser percorrido. Perfeito é algo que já foi acabado, finalizado. Está completo, pronto, não cabe mais nada. O ser humano não é assim. Enquanto caminha nesta vida, ele está a caminho da perfeição cristã. Portanto, não esperemos está "prontos" para poder buscar a vontade de Deus.

O perfeccionismo nunca conseguirá o ótimo. E mesmo o excelente para ele parece nunca ser suficiente. A sua fita métrica imaginária, sempre em ação, é sua arma contra si e contra os outros. Já lhe adianto uma grande verdade existencial: somos imperfeitos. Calma. Nenhum ser humano melhora e muda de vida imediatamente. Como costumamos dizer: *"Da água para o vinho ou do dia para a noite!"*. Repito! Conversão é processo! E o melhor de tudo é que Deus sabe dis-

---

13 DAIGNEAULT, André. *O Caminho da imperfeição*. pp. 2-3.

so e quer que vivenciemos este processo até atingir o termo e receber a coroa da justiça no Céu. Mas até lá é peleja e luta constante.

É uma grande ilusão e armadilha do Demônio achar que só poderemos servir a Deus, amando, perdoando, construindo o seu Reino neste mundo quando fomos perfeitos. Na verdade, a perfeição cristã nasce desta busca cotidiana. A santidade de vida se realiza neste constante buscar e confiar na graça de Deus que nos sustenta e nos leva a superar nossos limites e imperfeições. Neste progressivo e árduo esvaziamento de si e entrega aos planos de Deus. A felicidade não é uma meta, mas é um caminho, um percurso para toda a vida.

A verdadeira santidade que faz nascer a perfeição em uma vida cristã acontece exatamente neste conquistar dia após dia a vontade de Deus em nossa vida. Pois como afirma São Paulo: *"Esta é a vontade de Deus: a vossa santificação."* (I Ts 4, 3).

O Mandato: Sede perfeito!

O conceito de perfeição, dentro do processo de busca pela santidade ao longo do tempo, foi sendo compreendido, não como a vivência sincera sadia de um ascetismo cristão, de uma vida mística que exige sim observância, disciplina e sacrifício. Mas, a busca pela tão desejada *perfeição* por alguns, consistia (e consiste, pois isso acontece também hoje) simplesmente em assumir um ideal de vida rigorista, legalista de execução de normas, leis e obrigações que levavam a comportamentos retos e irrepreensíveis; um ideal de uma vida tão *"perfeita"* que sem compaixão, piedade, misericórdia e amor desconsidera todos os defeitos, fraquezas, vulnerabilidades e imperfeição próprias da condição humana.

É o cumprir a lei pela lei. Como Saulo que em nome do cumprimento zeloso da lei perseguia *"até à morte" (At 22, 4)* os cristãos. Como as autoridades religiosas do Templo, que em nome do cumprimento rigoroso e perfeito da Lei, perseguiram tanto a Jesus. A Eles o Senhor dirigiu estas palavras que cabem também aos cristãos farisaicos dos nossos dias: *"Ai de vós, escribas e fariseus hipócritas! Pagais o dízimo da hortelã, do endro e do cominho e desprezais os preceitos mais importantes da lei: a justiça, a misericórdia, a fidelidade. Eis o que era preciso praticar em primeiro lugar, sem esquecer o res-*

tante." (Mt 23, 23). Jesus evidencia que a preocupação dele era com pequenos detalhes ao passo que o principal era descuidado. Como diz o provérbio popular: *engolem um elefante e se engasgam com um mosquito.*

Essa compreensão do conceito de perfeição conduz ao rigor de um perfeccionismo ético, moral e religioso que se fundamenta em apenas cumprir um código de normas, exigências, deveres da lei de forma impiedosa e calculista. Isso gera, ao invés de santidade, uma vida atormentada e aterrorizada pelo sentimento de culpa e fracasso por não ter, em algum momento, conseguido cumprir isso ou aquilo, tal ou tal tarefa ritual.

Se olharmos com mais atenção para esta questão, notaremos que esta interpretação de santidade como perfeição tem suas bases no evangelista São Mateus quando diz: *"Sede perfeitos como vosso Pai celeste é perfeito." (Mt 5, 48)*. Porém, segundo o Antigo Testamento a perfeição não é um atributo de Deus.

O Sacerdote Jesuíta, José Antonio Netto de Oliveira desenvolvendo essa reflexão sobre santidade ou perfeição, afirma:

> *Em nenhuma ocasião o Antigo Testamento chama Deus de "perfeito". Chama-o de "santo". Nos evangelhos o adjetivo "perfeito" (Teleios) aparece somente duas vezes e ambas em Mateus: Mt 5, 48 "Sede perfeitos como vosso Pai celestial é perfeito" e Mt 19, 21 "Se queres ser perfeito", pergunta Jesus ao jovem rico. Na mentalidade hebraica, a perfeição*

é antes um atributo do ser humano expressando a ideia de totalidade, aplicando-se ao que é completo, intacto, àquilo que de nada carece. Quando, em Mt 19, 21, Jesus diz: "Se queres ser perfeito", quer significar: se queres que nada te falte, se queres não ter limite algum, se desejas ir até o fim.[14]

Enquanto São Mateus afirma: *"Sede perfeitos como vosso pai celestial é perfeito" (Mt 5, 48)* o Evangelista São Lucas afirma: *"Sede misericordioso, como também vosso Pai é misericordioso" (Lc 6, 36)*. Existe aqui um conflito de perspectiva e de linguagem. Vejamos:

> Lucas e Mateus revelam a existência de dois projetos: um "novo", o outro "velho" (...) Na exortação de Lucas, somos submetidos à leveza do ser humano; na de Mateus, grave e pesada, revive-se o juízo e a condenação como parte da proximidade do sagrado (...) revive-se o "irmão mais velho", impoluto, observante da lei, que jamais se afasta da casa paterna, que alimenta um profundo ressentimento contra os pecadores, porque não são como ele. O irmão mais velho é o homem que procura alcançar a salvação mediante a observância minuciosa de todos os mandamentos. [15]

Seguindo a reflexão do sacerdote jesuíta Padre Antonio Netto a respeito do conceito de perfeição em Mt 5, 8. Ele conclui dizendo algo com que eu me identifiquei bastante e para mim faz todo o sentido se considerarmos a frase dentro do todo. Observemos:

> Poderíamos, contudo, vislumbrar outra interpretação, seguindo São Jerônimo e outros. O login "Sede perfeitos como vosso pai Celestial é perfeito" liga-se com texto precedente pela partícula de consequência "portanto". Ora, o texto

---

14 OLIVEIRA, José Antonio Netto de. *Perfeição ou Santidade e outros textos espirituais.* p. 11.

15 PETER, Ricardo. *A imperfeição no Evangelho.* p. 53.

> *imediatamente antecedente fala precisamente do amor sem limites do Pai que faz nascer o sol sobre maus e bons e cair a chuva sobre justos e injustos e que ama a todos: amigos e inimigos. Assim poderíamos concluir que o discípulo deve ser perfeito no amor como o Pai Celestial é perfeito no amor.*[16]

Se queremos ser perfeitos como o Pai Celeste, o caminho é a prática do amor. Jesus nos deixou um único mandamento que resume todos os outros. *"Amarás o Senhor teu Deus de todo teu coração, com toda tua alma e com todo teu pensamento. Eis o grande, o primeiro mandamento. Um segundo é igualmente importante: Amarás o teu próximo como a ti mesmo. Desses dois mandamentos dependem toda lei e os profetas." (Mt 22, 37-40).* Jesus é o modelo da vivência *plena* da Lei, pois Ele a plenificou pelo amor.

Amar a Deus e aos outros é a regra de vida de todos os cristãos. E eu pergunto, será que no cotidiano de nossas vidas estamos praticando, ou pelo menos, nos esforçando para praticar este mandamento que nosso Senhor nos deu? Será que o que ainda move nosso senso de justiça não é a *Lei de Talião*, que diz: *Olho por olho, dente por dente*, o *"Bateu, levou"*?

A livro do livro Levítico (19, 1-2.17-18), pede que o nosso amor não seja limitado a algumas pessoas ou a um grupo seleto (aos meus favoritos), mas seja universal. E que por isso não devemos alimentar

---
16 OLIVEIRA, José Antonio Netto de. *Perfeição ou Santidade e outros textos espirituais.* p.12.

vingança, nem guardar rancor daqueles que são diferentes de nós seja por raça, cor ou religião.

O Salmo 102 afirma que: *"O Senhor não nos trata como exigem nossas faltas, nem nos pune em proporção às nossas culpas!"*. Ou seja, todos nós pecamos e ofendemos a Deus. Mas Ele, em seu infinito amor e misericórdia, nos acolhe e nos ama. Ele como Deus tem autoridade de nos condenar por nossos pecados. Teve oportunidade de condenar Zaqueu que roubava o dinheiro dos mais humildes, da mulher que foi apanhada em adultério, do ladrão que estava ao seu lado na cruz, tinha razões para condenar os seus próprios discípulos que fugiram na hora da dor, de Pedro que o negou e Judas que o traiu, mas Ele não o fez! Ao contrário, acolheu e amou e como Deus que é Amor, sempre está disposto a nos perdoar de todas as nossas misérias. Então, se Deus nos trata assim, porque somos tão frios, calculistas, vingativos com aqueles que de alguma forma nos ofenderam? (cf. Mt 18, 21-19, 1).

Diante do trecho do Evangelho (Mt 5, 38-48), com a mentalidade reinante em nossa sociedade, entenderemos que Jesus está mandando que sejamos (como diz no popular) um otário, um besta, um bobo. Dar o outro lado da face para quem me bateu, se me tomaram a túnica devo também dar o manto, se me obrigam a andar um quilômetro, devo andar dois... Amar os meus inimigos e rezar por eles! No Evangelho, Jesus manda que, como discípulos, façamos exatamente isso. Não simplesmente porque Ele está mandando, mas porque Ele mesmo fez isso.

Naquele contexto, Jesus poderia ter-se tornado um revolucionário político ou um fundamentalista religioso. Mas não o fez! O que se percebe de extremo em Jesus foi a sua inigualável forma de amar. Aprendamos com o nosso Mestre.

Alguém pode dizer: *Jesus fez isso porque era Deus!* Não! Jesus é cem por cento Deus e cem por cento homem. Soube perdoar em sua humanidade a todos aqueles que lhe perseguiram e atentaram contra sua vida. Outros podem dizer: *"Amar os inimigos e rezar por eles, isso é loucura!"*. Realmente o mundo julga como loucura pagar o mal com o bem, o ódio com amor, as ofensas com o perdão.

São Paulo aos Coríntios afirma: *"Ninguém se iluda: se algum de vós pensa que é sábio nas coisas deste mundo, reconheça sua insensatez, para se tornar sábio de verdade; pois a sabedoria deste mundo é insensatez diante de Deus"* (I Cor 3, 18-19). Portanto, se para muitos é sensato (sábio) não perdoar, se vigar, matar com palavras ou com gesto aquele que me ofendeu. Paulo nos ensina que para seguir Jesus devemos tornar-nos "loucos" por causa do Reino, ou seja, nadar contra a maré, ir contra todo tipo de mentalidade que mata, fere, oprime.

A palavra perdão etimologicamente que dizer: *Desfazer-se, é jogar para longe* algo que não está me fazendo bem. Costumo comparar a pratica do perdão a um espinho que você tira da carne, que mesmo pequeno incomoda, e que quando mais tempo ficar ali, mas dolorido e inflamado ficará. Só perdoa verdadeiramente, quem ama.

O perdão faz mais bem a quem dar, do que a quem recebe. Quando não somos capazes de perdoar adoecemos não somente na alma com ódio, mágoa, ressentimento, mas também no corpo, conheço pessoas que adoeceram com doenças psicossomáticas que causam nódulos, dores de cabeça, insônia, manchas na pele, úlcera, gastrite, depressão e até câncer, simplesmente por falta de perdão. O que não se coloca para fora, fica dentro e manifesta-se de alguma forma, normalmente como um prejuízo físico, psíquico e emocional.

A prática do amor e do perdão nos torna livre e nos conduz ao pleno cumprimento da vontade de Jesus Cristo nosso Senhor. Para concluir, lembro-me de uma historinha que nos ajuda a entender a importância do amor e do perdão.

Certa vez, dois irmãos que moravam em fazendas vizinhas, separadas apenas por um riacho, entraram em conflito. Foi a primeira grande desavença em toda uma vida trabalhando lado a lado, repartindo as ferramentas e cuidando um do outro.

Durante anos percorreram uma estreita, porém, comprida estrada que corria ao longo o rio para, ao final de cada dia, poderem atravessá-lo e desfrutarem um da companhia do outro. Apesar do cansaço, faziam-no com prazer, pois se amavam.

Mas agora tudo havia mudado. O que acontecera com um pequeno mal-entendido finalmente explodiu numa troca de palavras ríspidas, seguidas de semanas de total silêncio.

Numa manhã, o irmão mais velho ouviu bater à sua porta. Ao abri-la, notou um homem com uma caixa de ferramentas de carpinteiro em sua mão, eu lhe disse: "Estou procurando por trabalho, talvez você tenha um pequeno serviço aqui e ali. Posso ajudá-lo?"

"Sim!" - disse o fazendeiro - "Veja aquela fazenda além do riacho. É de meu vizinho, na realidade, meu irmão mais novo. Brigamos e não quero mais encontrá-lo. Vê aquela pilha de madeira perto do celeiro? Quero que você construa uma cerca bem alta ao longo do rio para que eu não mais precise vê-lo".

"Acho que entendo a situação", disse o carpinteiro. "Mostra-me onde estão o martelo e os pregos que certamente farei um trabalho que lhe deixará satisfeito".

Como precisava ir à cidade, o homem ajudou o carpinteiro a achar o material e partiu.

O senhor trabalhou arduamente durante todo aquele dia, medindo, cortando e pregando. Já anoitecia quando terminou a sua obra, ao mesmo tempo em que o fazendeiro retornava. Porém, seus olhos não podiam acreditar no que via. Não havia qualquer cerca! Em seu lugar estava uma ponte que ligava um lado do riacho ao outro. Era realmente um belo trabalho, mas, enfurecido, exclamou:

"Você é muito insolente em construir essa ponte após tudo que lhe contei!".

No entanto, as surpresas não haviam terminado. Ao erguer seus olhos para a ponte, viu seu irmão aproximando-se da outra margem correndo com seus braços abertos. De repente, num só impulso, foram um na direção do outro, abraçando-se e chorando no meio da ponte. Emocionados viram o carpinteiro arrumando suas ferramentas e partindo.

"Não vá, espere!" - disse o mais velho. "Fique conosco mais alguns dias, tenho muitos outros serviços para você".

O carpinteiro sorrindo respondeu: "Adoraria ficar. Mas tenho muitas outras pontes para construir".

Hoje existe uma multidão de pessoas, organizações, estruturas que trabalham para construir barreiras de ódio e muros de desamor. O muro da indiferença, do ódio, da mágoa, do rancor, do ressentimento, da vingança, da desesperança, da promiscuidade e da desonestidade. O que fazer diante de tudo isto? Somos convidados a construir pontes. Ponte do perdão, da fé, do amor, da esperança, da verdade, da pureza, da partilha, comunhão, da empatia, do respeito.

São muitas pontes que ainda precisamos construir com nossas vidas doadas a reino de Deus, com o nosso testemunho cristão. Que nós possamos abrir os corações ao Santo Espírito de Deus e que a cada dia possamos crescer na prática do amor. Somente assim seremos instrumentos e construtores de pontes em um mundo tão cheio de muros.

Capítulo 2

Santidade

"A exemplo da santidade Daquele que vos chamou, sede também vós santos em todas as vossas ações."
(I Pe 1, 15)

Compreender o conceito de perfeição

A compreensão do conceito de *Perfeição* enquanto *Santidade* de vida precisa ser muito bem entendida, para que não se torne, ao invés de algo positivo e necessário aos cristãos, algo inalcançável e repudiável. Algo que no fim das contas como dizem algumas pessoas virtuosas e perfeitas: *"Não dá para mim!"* ou *"Esse negócio de santidade é um privilégio para somente para alguns e eu não me encaixo entre estes!"*.

É claro que o que é limitado é imperfeito. E o ser humano o é de fato. Mas isso não quer dizer que não haja possibilidade de superação, crescimento, maturação. Principalmente na ótica da fé a conversão é algo marca o início de uma vida nova. São João Batista era aquele que pregava um batismo de conversão para que os corações pecadores se preparassem para a chegada do Messias. Quando chegou Jesus, o Messias esperado, Ele iniciou a sua missão chamando todos à conversão dizendo: *"Completou-se o tempo e o Reino de Deus está próximo; fazei penitência e crede no Evangelho"*. *(Mc 1, 15)*. E só faz penitência quem se reconhece pecador, frágil, limitado e imperfeito e acredita que, acreditando em Deus e em sua graça, é possível mudar de mentalidade, de comportamento, de caminho.

Quando falo do perigo da compreensão errônea do conceito de perfeição é porque isso tem levados cristãos a uma vida atormentada e cheia de sentimentos de culpa o tempo todo. É como se estivessem sentindo-se constantemente em dívida com Deus. E, por medo de reprovação, advertência e castigo, como Adão e Eva no Paraíso, fugiram de Deus. Assim como nós muitas vezes também fazemos, uma vez que o pecado é uma fuga de Deus.

Diante dessa realidade cabem algumas perguntas importantes: Quem é realmente Deus para mim? Como eu o vejo? Alguém que se revela amoroso, cheio de ternura, misericordioso, compassivo que enviou o seu filho Jesus para nos salvar ou um juiz implacável, irado, ranzinzo, legalista e rigoroso que está o tempo todo contabilizando as minhas faltas? E nos conhecendo bem, mais do que nós mesmos, que tipo de perfeição cristã (santidade) esse Deus pede e espera de nós? O que quiseram nos dizer, de fato, quando nos falaram que devíamos ser perfeitos?

Ricardo Peter idealizador da Terapia da Imperfeição em seu livro *Respeita os teus limites*, ele afirma:

> *O conceito de perfeição é praticamente indestrutível. Não somos capazes de demoli-lo. Nossa cultura está assentada sobre uma raiz que foi plantada há mais de 2.500 anos, data em que aproximadamente o conceito começou a ser elaborado na antiguidade grega. Ele está de tal forma implantado em*

nosso sistema mental, que podemos considerá-lo, como já disse alguém, "o deus depois de Deus". [17]

São palavras fortes mais reais. Infelizmente o conceito de perfeição se tornou "um deus" para muitos que buscam viver os seus deveres éticos, morais e religiosos de forma rigorista, legalista, escrupulosa e consequentemente farisaica. Muitos destes acreditam que perfeição cristã é o cumprimento perfeito, centrado em esforços pessoais, de um conjunto interminável de regras e obrigações. Nem que isso seja apenas algo aparente. Uma bela *performance* bem executada para que os outros nos aceitem, nos aprovem, nos elogiem e nos reconheçam como bons, agradáveis e perfeitos.

Lembro-me quando era criança, que quando íamos, em família, participar de alguma festa na escola, de aniversário ou casamento. Antes de sair de casa ou no caminho, tinha que ter da parte do pai ou da mãe, aquele "mini sermão" com uma grande lista de recomendações do que, como filhos bem-educados, poderíamos ou não poderíamos fazer. Isso sob ameaça de penas posteriores se tais orientações não fossem observadas. Por um lado, vejo que isso pode ser bom, pois essa disciplina, de alguma forma contribuiu para o processo de educação da personalidade. Mas, por outro lado, pode gerar a ideia de que o mais

---

17 PETER, Ricardo. *Respeita os teus limites:* Fundamentos filosóficos da terapia da imperfeição. p. 12.

importante é sempre parecer "o perfeitinho" para que assim, possa ser reconhecido como uma criança boa, bem-educada e querida por todos. Nem que por dentro, no fundo do coração, tenha se negado toda alegria, verdade, liberdade e espontaneidade que é própria de uma criança.

No livro *Elogio da vida imperfeita: o caminho da fragilidade*, o sacerdote Paolo Scoquizzato, fala exatamente sobre isso quando afirma que, desde pequenos formos educados pelos pais, professores, patrões, enfim, as pessoas que nos educaram, a sempre aparecer diante dos outros sem demonstrar o mínimo de defeito, mas sempre buscar impressionar os outros como pessoas perfeitas. Hoje isso está muito na moda no mundo das redes sociais. O que vemos frequentemente nas postagens? Frases, lugares, rostos, corpos, na vida de fé, familiar e profissional, enfim, tudo metricamente muito bonito, feito no melhor ângulo, bem ajustado e editado com filtros modernos para que tudo fique nos padrões do que hoje é dito como perfeito. Mas, cabe perguntar: Tudo isso corresponde a realismo da condição humana? Não tenho medo de afirmar que não, em sua grande maioria, as imagens belas e perfeitas não correspondem aos bastidores cheios de bagunças, contrariedades e imperfeições.

Essa ditadura por parecer perfeito, do falso eu, não fica somente no âmbito humano e social, mas vai também para o âmbito espiritual. Sim, por vezes corremos o risco de lutar terrivelmente para parecer perfeitos até para Deus.

> A questão será sempre aparecer perfeitos aos outros, não manchados por limites ou fragilidades (...). O nosso drama de cristãos é o desejo de sermos perfeitos até diante de Deus. Fizemos do Cristianismo a religião do "tender ao perfeccionismo moral" – confundindo-o com a santidade -, como se fosse à única condição para obter o amor de Deus e os seus dons. Mas o único dom que Deus poderá conceder-me não será senão ele mesmo, ou seja: amor, perdão e misericórdia. E Deus só poderá dar-me tudo isso quando me reconhecer necessitado de amor, pecador e miserável.[18]

Recordemos aqui a parábola que Jesus contou que fala do Fariseu muito orgulhoso, altivo e arrogante, que diante do altar, tratou de esbanja para Deus os suas credenciais de perfeição no cumprimento dos seus deveres religiosos, o que para ele, dava-lhe até o direito de se desfazer daquele pecador que estava lá atrás de joelhos e cabeça baixa suplicando: "Tende piedade de mim, porque sou um pecador". Qual postura e oração agradou a Deus? Quem voltou para casa justificado? Certamente, quem mais tocou o coração de Deus foi a profunda e humilde oração de um coração que reconheceu que era imperfeito, frágil, limitado e miserável pecador e clama o perdão de Deus. São Gregório de Nissa dizia: *"Um carro cheio de boas obras,*

---

18 SCQUIZZATO, Paolo. *Elogio da vida Imperfeita:* O caminho da fragilidade. pp. 20-21.

conduzido pelo orgulho, leva ao inferno; um carro cheio de pecados, conduzidos pela humildade, leva ao Paraíso".

Precisamos entender que o conceito de perfeição cabe para algo que já está definitivamente pronto e acabado. Uma construção arquitetônica bem-feita, uma bela música, uma obra de arte, um bom livro, um filme etc. Algo que conseguiu atingir em tudo a sua métrica e finalidade. Eu acredito que uma pessoa pode levar uma vida de busca de perfeição, mas a perfeição propriamente dita, essa que foi tão desejada, só será alcançada e reconhecida diante dos olhos de Deus. E em alguns casos reconhecida pela Igreja dentro de beatificação e canonização.

A Santidade no cotidiano

São Pedro ensina em sua carta: *"A exemplo da santidade daquele que vos chamou, sede também vós santos em todas as vossas ações..."* (I Pedro 1, 15). A santidade não é um privilégio, um *status*, um luxo para poucos, mas um dever de todo batizado. Ela não é um conjunto interminável de gestos extraordinários ou atitudes estranhas e raras. Santidade se constrói na simplicidade e no ordinário da vida. Quando li a Exortação apostólica *Gaudete et Exsultate* as palavras do Papa Francisco que mais me tocaram foi quando escreveu sobre a santidade que se constrói no ordinário do nosso cotidiano.

> Gosto de ver a santidade no povo paciente de Deus: nos pais que criam os seus filhos com tanto amor, nos homens e mulheres que trabalham a fim de trazer o pão para casa, nos doentes, nas consagradas idosas que continuam a sorrir. Nesta constância de continuar a caminhar dia após dia, vejo a santidade da Igreja militante. Esta é muitas vezes a santidade "ao pé da porta", daqueles que vivem perto de nós e são um reflexo da presença de Deus, ou – por outras palavras – da "classe média da santidade".[19]

Houve um tempo que se achava que a perfeição cristã, a santidade era como uma 'propriedade privada' de alguns. Só era possível aos que abraçavam uma vida consagrada, religiosa, sacerdotal. Aqueles que possuíam uma vocação especial.

O Concílio Vaticano II, na Constituição *Lumen Gentium*, afirma a vocação universal à santidade. Todos os cristãos são chamados a buscarem a santidade a partir do chamado que Deus faz a cada um individualmente.

> Todos os fiéis cristãos de qualquer estado ou ordem são chamados à plenitude da vida cristã e a perfeição da caridade (...) Assim a santidade do Povo de Deus se expandirá em abundantes frutos como se demonstra luminosamente na história da Igreja pela vida de tantos Santos.[20]

---

19 FRANCISCO. *Gaudete et exultate*: Sobre o chamado à santidade no mundo atual. nº 7.
20 CONCÍLIO VATICANO II. Constituição *Lumen Gentium*, 5, 40.

A Igreja nos convoca a partir da Palavra de Deus a buscarmos a santidade. Mas afinal o que é ser santo, ser santa? Essa santidade é possível mesmo? Como podemos compreender o chamado a santidade em nossos dias? São muitos questionamentos a respeito da santidade, pois parece que até mesmo para muitos cristãos esta não é uma realidade tão clara.

Quando falamos de santidade, talvez nos venha logo à mente os grandes mestres espirituais, os ascetas, os místicos, as santas virgens, os mártires, os doutores e doutoras. Aqueles e aquelas que se destacaram pelos seus dons extraordinários: êxtases, levitação, bilocação, estigmas, perscrutar os corações, ressuscitar mortos, profecia, fazer extraordinários milagres. Mas, esses sinais de santidade não são os únicos e os mais importantes. Há muitos santos que no ordinário de suas vidas simples e humildades construíram uma vida de santidade admirável. De muitos desses nunca saberemos nem seus nomes, a não ser no Céu.

Quando falo que os dons e fenômenos místicos não são os únicos e mais importantes, não é que não tenham seu enorme valor. Mas, se acharmos que para ser santos precisamos definitivamente alcançar estes dons extraordinário, creio que isso iria desmotivar a muitos cristãos.

Vejamos o exemplo muito importante de São João Batista. Ele recebeu de Jesus um dos melhores elogios do Novo Testamento: *"Entre os nascidos de mulher não há maior que João." (Lc 7, 28)*. No entanto, os evangelhos não relatam que São João Batista tenha feito milagres extraordinários ou teve fenômenos místicos. A santidade de João Batista se concretizou na austeridade de vida, na fidelidade e amor por a sua vocação de precursor do Messias.

Dentro de uma sociedade que supervaloriza e exalta aquilo que cresce e aparece. O espetaculoso, o ostensivo em que até a própria intimidade vai sendo exposta o tempo todo e se tornando um *show* egolátrico em cada postagem das redes sociais. Em meio a isso, é difícil perceber a profundidade e a beleza dos pequenos gestos que constroem a santidade no comum da vida.

Eu gosto muito de ler e ouvir os conselhos de São Josemaria Escrivá, fundador da *Opus Dei* que São João Paulo II nomeou de *"O santo do cotidiano"*. Este grande homem ensinava sempre que Deus não vai nos tirar dos nossos contextos, dos nossos estados de vida para poder nos santificar. Ao contrário, é exatamente lá que devemos construir, fortalecidos pela graça de Deus e guiados pelo Espírito Santo, uma vida santa. Na busca pela realização do projeto de Deus em nós jamais devemos excluir a importância do discreto, do comum, do aparentemente irrisório. Pois, muitas vezes, é exatamente aí que o Senhor resolve se revelar aos seus.

Existe uma linda homilia em que São Josemaria Escrivá diz:

> Meus filhos: aí onde estão os nossos irmãos, os homens, aí onde estão as nossas aspirações, o nosso trabalho, os nossos amores, aí está o lugar do nosso encontro cotidiano com Cristo. É no meio das coisas mais materiais da terra que devemos santificar-nos, servindo a Deus e a todos os homens (...) Deus espera-nos cada dia: no laboratório, na sala de operações de um hospital, no quartel, na cátedra universitária, na fábrica, na oficina, no campo, no seio do lar e em todo o imenso panorama do trabalho: há algo de santo, de divino, escondido nas situações mais comuns, algo que a cada um de nós compete descobrir (...) Ou sabemos encontrar o Senhor na nossa vida de todos os dias, ou não o encontraremos nunca. [21]

Quanta verdade nessas palavras. De fato, se acharmos que só seremos capazes de encontrar Deus quando estivermos na Igreja na Missa dominical, quando for fazer um retiro espiritual ou participar de uma reunião do grupo de Oração, enfim, em momentos acentuados que denominamos de espirituais, nunca iremos, de fato, ter uma vida santa, o máximo que são teremos apenas instantes sagrados que são importantes, mas devido a sua transitoriedade, podem se apagar facilmente como palha seco que depois vira cinza. Existe um grande erro em pensar que a fé é vivida apenas em momentos pontuais (missa, momentos de oração etc.), quando, na verdade, Jesus

---

21 FAUS, Francisco. *Deus na vida cotidiana.* p. 16.

veio mostrar que *toda* a nossa vida deve ser guiada pelo Espírito de Deus.

Há um tempo estava lendo um livro de espiritualidade e o autor me apresentou uma mulher incrível, uma mística que buscava viver a santidade exatamente assim, no ordinário de sua existência. Ela chama-se Madeleine Delbrêl, nasceu a 24 de outubro de 1904, Mussidan-Dordogne, na França. Aos 16 anos, decidiu-se pelo ateísmo. Embora sua família fosse católica e ela tenha feito a sua primeira eucaristia com 12 anos.

Dois grandes fatos determinantes marcaram a vida de Madeleine. Em 1923, o seu noivo desiste do casamento para entrar num convento. E, um ano após, seu pai veio a falecer. Esses dois acontecimentos a levaram a refletir sobre sua vida e a buscar a Deus. Com 19 anos, inspirando-se em Santa Teresa d'Ávila, ela começa a buscar o Senhor e se deixar encontrar por Ele. De ateia, ela torna-se uma mística cristã.

Por um momento, pensou em ser carmelita, mas posteriormente entendeu que devia viver o seu cristianismo fora dos muros de um mosteiro e encontrar Deus no seu dia a dia entre os mais humildes e pobres. Ela, juntamente com duas amigas, foi viver na cidade de Ivry, nas proximidades de Paris. Este lugar era pagão e marxista. Ela conseguia manter bons contatos com os comunistas e como uma assistente social cristã, ajudava os grevistas, as mulheres vulneráveis, os mais pobres e excluídos. Em meio a esse trabalho social caritativo, buscava traduzir em sua vida os valores do Santo Evangelho.

São lindíssimas as palavras de uma forte oração que ela escreveu em um bilhete e depois de sua morte foi encontrado em seu livro de orações que diz: *"Quero aquilo que Tu queres, sem me perguntar se eu consigo. Sem me perguntar se o desejo. Sem me perguntar se o quero".* Ela confiava tanto em Deus, que estava disposta a assumir a Sua vontade incondicionalmente no ordinário do seu dia a dia.

Alguém que busca a santidade não reserva um "tempinho para Deus", mas toda sua vida pertence a Ele. Em cada segundo, minuto, hora, dia, meses, anos. A cada pulsar do coração este fiel sedento não deseja outra coisa a não ser agradar a Deus e viver a Sua vontade.

Nos meus primeiros anos de convento, ouvi uma estória tão bela que me inspira até hoje. Conta-se que havia num Convento muito humilde um frade que possuía a missão de porteiro. Foram longos anos atendendo todos que vinham até àquele lugar sagrado. Todos reconheciam sua prontidão, gentileza, alegria e bondade no exercício desse seu ofício. O tempo passou, ele já velhinho e muito doente estava sob o seu leito nos seus últimos suspiros, mesmo depois de receber os santos sacramentos, algo o inquietava. Sem poder falar, demonstrava com olhares e pequenos gestos que queria ter algo em suas mãos antes de partir. Os frades trouxeram vários objetos sagrados: bíblia, vela, terço, cruz, imagens de nossa senhora e santos. Mesmo com respeito a esses objetos, ele não os abraçava, novamente estendia a mão como que pedindo algo. Foi quando um frade teve uma santa intuição. Correu até a portaria e pegou todas as chaves do convento e veio colocar em suas mãos. O olhar dele revelou alegria e depois de beijar as chaves e apertá-las sobre o seu peito ele morreu serenamente e em paz.

Aquelas chaves foram usadas com tanto amor e tanto zelo que ajudaram a construir o Céu daquele frade. Alcançaremos a santidade cumprindo com simplicidade, zelo, fidelidade e amor aquilo que Deus nos confiar. Tudo isso no ordinário do nosso cotidiano em meio às contrariedades da vida. O que é próprio de todo caminho de santidade em qualquer estado de vida.

Quando ouvimos que todos os cristãos são chamados à santidade cada um em seu estado de vida, mas ao mesmo tempo nos é apresentados exemplos de santidade tão grandiosos e sobre-humanos que, em alguns, pode causar muito mais desmotivação do que um incentivo. Como afirma André Daigneault em seu livro *O caminho da Imperfeição*, o santo ou a santa não são super-heróis.

> Nem a nossa pobreza nem nossa fraqueza nos impedem de nos tornarmos santos. É antes a nossa falta de sede e de desejo e a nossa autossuficiência que nos fecham ao dom de Deus (...) Por vezes, têm-se apresentado os santos como campeões dos valores humanos, mas esquece-se que frequentemente eles foram desprezados e marginalizados pelos homens do seu tempo, julgados loucos ou parvos, olhados como pobres e desprovidos. O herói e o santo são muito diferentes.[22]

Os super-heróis que conhecemos das revistas em quadrinhos, nos filmes, são dotados de superpoderes próprios ou adquiridos. São figuras populares e queridas, pois normalmente usam suas habilidades para o bem. Porém, não podemos esquecer que suas vidas, trajetórias, conquistas, enfim, tudo é uma ficção, são personagens criados, irreais. Já os santos e as santas não, eles e elas são reais. Suas vidas floriram a história do cristianismo ao longo dos séculos. São pessoas humanas com nome e sobrenome, endereço. E, mesmo que desde muito cedo, alguns já tenham manifestado sinais de grandes virtudes e santidade, como São Padre Pio de Pietrelcina que ainda criança já via seu anjo da guarda, a Virgem Maria e o próprio Senhor Jesus Cristo, nenhum deles se sentiam perfeitos, santos, ao contrário, se viam como fracos, limitados e pecadores.

---

22 DAIGNEAULT, André. *O Caminho da imperfeição*. p. 30.

Lembro-me do meu primeiro ano no convento em 2002, quando um frade capuchinho idoso muito piedoso chamado Frei Rogério Beltrame, italiano de Milão, mas em missão no Brasil, em São Luiz do Maranhão há muitos anos, veio ao nosso convento São Benedito em Teresina – PI – para fazer uma cirurgia nos olhos, visto que o amparo médico era melhor e os hospital era bem próximo de nossa casa. Durante o tempo que esteve conosco fiquei encantado com sua fraterna presença. A sensação que eu tinha era sempre de olhar para um santo em vida. Um homem muito culto, sábio, e ao mesmo tempo simples, humilde, e muito austero. Voz doce e um olhar penetrante. Transmitia uma serenidade e uma paz inigualável. Durante dias o observei. Ele acordava muito cedo e era muito fácil encontrá-lo na capela, sempre profundo na oração, atentos aos confrades e bem-humorado. Um dia lhe pedi para me confessar e ele prontamente me atendeu. Ao final daquela linda confissão eu ousei lhe dizer: *"Frei Rogério, eu quero ser assim como o senhor, um homem santo!"*. Ele tranquilo, pegou em minha mão, deu um leve sorriso e me disse: *"Meu filhinho, quem sabe de mim sou eu!"*. Aquele homem tão santo e virtuoso, reconhecia sua pequenez e limites. Fiquei tão edificado e nunca esqueci aquele grande ensinamento. Ainda hoje quando alguma pessoa muito bondosa chega e me dizem: *"Frei o senhor é um santo!"*, eu digo para ela: *"Quem sabe de mim sou eu!"*. Sei que embora meu desejo de santidade seja verdadeiro e sincero, reconheço o abismo das minhas misérias e limites.

O Catecismo da Igreja Católica nos ensina que:

> Enquanto Cristo, santo e inocente, sem mancha, não conheceu o pecado, mas veio somente expiar os pecados do povo, a Igreja, que no seu próprio seio encerra pecadores, é simultaneamente santa e chamada a purificar-se, prosseguindo constantemente no seu esforço de penitência e renovação. Todos os membros da Igreja, inclusive os seus ministros, devem reconhecer-se pecadores. Em todos eles, o jôio do pecado encontra-se ainda misturado com a boa semente do Evangelho até ao fim dos tempos. A Igreja reúne, pois, em si, pecadores abrangidos pela salvação de Cristo, mas ainda a caminho da santificação.[23]

Como Igreja, corpo místico de Cristo, somos um povo santo. A Igreja nasceu da misericórdia do Pai e do amor de seu Filho Jesus. Ela é sustentada e conduzida pelo Espírito Santo ao longo de todos estes tortuosos anos da história. Porém, ela é constituída de pessoas frágeis, imperfeitas, pecadoras. A começar por Pedro que, antes de dar sua vida por Cristo, foi capaz de negar o Mestre por três vezes. Por Paulo, que, antes de se tornar Apóstolos dos Gentios, foi perseguidor da Igreja.

Na oração Eucarística rezasse pela Igreja "Santa e pecadora". Como podemos entender esta expressão? Não é que haja duas Igrejas, uma que é santa e a outra que é pecadora. Não é isso! Sabemos e professamos que só existe uma Igreja: "Una, Santa, Católica e

---

23 CATECISMO DA IGREJA CATÓLICA, nº 827.

Apostólica". Mas, que acolhe em si, não uma elite de pessoas perfeitas, puras e irrepreensíveis, ao contrário, sim pessoas imperfeitas e pecadoras que buscam o perdão e uma sincera conversão, desse modo, a Igreja busca conduzi-las à santidade. Quando falamos santa "e" pecadora, não é que sejam duas propriedades iguais, mas duas realidades que se apresentam simultaneamente, embora não equivalentes. Um pecado pessoal é atribuído à Igreja na compreensão de que ele causa prejuízos a todo o corpo da Igreja. A Igreja santa acolhe os pecadores que são abrangidos pela salvação de Cristo, mas que ainda lutam pela santidade.

Com exceção do seu Pai, São José, que é Justo e de sua Mãe que é Imaculada, Jesus viveu sem pecados, mas entre os pecadores. No rio Jordão, Ele entra na fila dos pecadores para receber o batismo ministrado por São João Batista, mesmo sem precisar, Ele assim quis dar um novo sentido ao batismo. Ele escolheu como discípulos, homens cheios de pecados. Ele sendo o Santo de Deus, o homem perfeito, ele não tinha receio de tocar as feridas pecaminosas mais profundas daqueles que eram apontados como infiéis e desmerecedores do amor de Deus. Certamente Ele não ama o pecado, mas com certeza ama o pecador.

Precisamos ser humildes e não hipócritas de querer sempre transparecer a santidade da Igreja, mas escondendo ou mascarando os nossos erros, fraquezas e pecados. Existe uma estória da vida de São Martinho em que ele desmascarou o Demônio que apareceu para ele na aparência gloriosa de Cristo, porque não tinha as chagas. Até Jesus quando apareceu ressuscitado aos discípulos, fez questão de conservar as feridas como provas de que Ele é Aquele que passou pela cruz. Ele é Aquele que nos redimiu dos nossos pecados.

No seu livro *Toque as feridas*, Padre Tomás Halík faz uma afirmação forte e inquietante:

> *Se eu me deparasse com uma igreja bem-sucedida e muito influente, brilhante em virtude de seus méritos incontestados nas áreas da caridade, da política e da cultura, com líderes, teólogos e administradores maravilhosos, respeitada e honrada por todos, uma igreja sem manchas, sem ranhura e cicatrizes dolorosas, eu me assustaria tanto que fugiria dela, pois teria certeza de que se trata de um truque diabólico (...) Onde estão tuas feridas?, eu perguntaria (...) Onde está a terra empoeirada e lamacenta da nossa existência humana, na qual Deus plantou a semente de sua palavra e da qual ele formou o ser humano?*[24]

Essas palavras deste renomado autor da espiritualidade cristã me fizeram lembrar as palavras do Papa Francisco em sua Exortação Apostólica *Evangelii Gaudium*, de 24 de novembro de 2013, em que diz: *"Prefiro uma Igreja acidentada, ferida e enlameada por ter saído pelas estradas, a uma Igreja enferma pelo fechamento*

---

24 HALÍK, Tomás. *Toque as feridas*: sofrimentos, confiança e a arte da transformação. pp. 127-128.

e a comodidade de se agarrar às próprias seguranças"[25]. Um pastor que se feriu, se enlameou, porque quis salvar as suas ovelhas. Uma Igreja que se envolve e assume as feridas dos pecadores no desejo de sará-las. Não há verdadeiro amor sem o comprometimento e doação da própria vida mesmo que isso nos custe muita lágrima, suor e sangue.

A perspicácia de quem busca a santidade

Vivemos em uma sociedade marcada pela dispersão. Percebe-se muito a necessidade de uma vida conectada, de uma vida *on-line*, o tempo todo para fora. Mas praticamente nunca para dentro. Diante da cultura, do entretenimento, é muito comum encontrar pessoas dispersas e fora de si, porque vivem sempre para fora. A introspecção virou um fardo pesado difícil de carregar. É notório que é cada vez mais difícil encontrar alguém que goste da solitude, quietude. Alguém centrado em si, compenetrado, meditativo, contemplativo.

Infelizmente, até mesmo em alguns ambientes religiosos, o rito, a música, a pregação, a reunião tornaram-se, para muitas pessoas, um momento de descontração. É como se quem está à frente tivesse

---
[25] EG 49.

a ingente responsabilidade de, em sua *performance*, impressionar, encantar, entusiasmar, impactar o fiel para que ele se sinta bem, ele goste e, consequentemente, retorne. Isso é tão evidente que ainda se usa muito o termo "assistir" a Missa, o Culto, a Reunião.

Creio que o contexto, o rito, a música, a pregação devem ser instrumentos que me conduzam a uma interioridade em que se possa não apenas "ficar bem", mas que se tenham condições de render a Deus, gratidão, louvor, adoração. Ele é o centro. A celebração não pode ser um momento para distrair-se, dispersar-se ou anestesiar-se das dificuldades da vida.

É comum e natural sermos desatentos uma vez ou outra, no cotidiano da vida. Há também pessoas disléxicas, ou com problemas de déficit de atenção que precisam de um tratamento terapêutico, talvez até com uso de medicamentos, vitaminas. Não falo aqui desse tipo de pessoas. Minha intenção é tratar da desatenção exagerada que prejudica nossas vidas.

São muitos os autores espirituais e até fora do âmbito religioso que escrevem sobre a necessidade de foco, de atenção. E faz-se necessário sim, trazer à tona esta reflexão. Por acaso, quem já não sofreu pequenos e grandes prejuízos por sua desatenção? Por exemplo: pegou uma multa, bateu o carro, atropelou alguém; pagou juros em uma conta por não pagar no prazo; adoeceu por não ter atenção devida ao que come, bebe, faz; teve vários problemas com familiares e amigos por não dedicar o tempo devido em um acontecimento ou data importante, simplesmente você esqueceu o aniversário de alguém importante. Ou, até mesmo, coisas bem piores como, você não deu atenção ao seu filho e agora descobriu que ele é usuário de drogas e está na mão dos traficantes. Ou, não cuidou do seu casamento e de repente tudo foi por água abaixo. Enfim, são inúmeros prejuízos que arrebanhamos para nossas vidas quando somos muito desatentos.

Existe um *best seller* chamado *Focus: A atenção e o seu papel fundamental para o sucesso*, de Daniel Goleman (Psicólogo, escritor, jornalista e consultor empresarial, bacharel e doutor em Psicologia pela Universidade de Harvard. Durante 12 anos, escreveu no periódico *The New York Times* sobre psicologia e ciência do cérebro, o que o levou a ser indicado ao Prêmio *Pulitzer*. O escritor ficou conhecido após lançar o livro *Inteligência*). O autor analisa, de forma cientifica, a importância da atenção, de manter o foco em meio a tantas distrações de nossa atualidade.

O que seria uma pessoa atenta? O grande monge alemão Anselm Grün diz, em seu livro *Atitudes que transformam como vivemos, como poderíamos viver:* "A palavra alemã *Achtsam* (atento) deriva de uma raiz indo-germânica que significa pensar, refletir. Atento é quem reflete sobre o que acontece quando faz alguma coisa. Não vive sem pensamentos, é consciente"[26]. Posso dizer que estar atento é se fazer presente de forma inteira naquilo que se faz. É viver plenamente o momento. É saboreá-lo, é curti-lo. Quantas vezes fazemos algumas coisas com o corpo, fisicamente presente, mas a imaginação está muito longe daquele instante. Ou seja, não existe consciência no ato da presença.

Atenção tem a ver com dois elementos importantes na vida: valorização e respeito. Normalmente, damos bastante atenção àquilo que valorizamos e respeitamos. Aquilo que é prioridade, porque o que é irrisório, muito facilmente deixamos de lado, tratamos como opcional que pode ou não pode merecer minha atenção.

É muito bonito constatar que o nosso Mestre Jesus era atento. Mesmo em meio às multidões com seus rumores, pressas e barulhos, ele nunca se deixava dispersar. Estava sempre atento à voz do Pai, à condução do Espírito Santo, a essência de Sua missão. No momento da tentação no deserto, não se deixou vencer pelas tentativas do demônio de desviá-lo de seu objetivo; Enquanto todos os comprimiam, Ele sentiu o toque da mulher com fluxo de sangue; ao passar em Jericó, percebeu o baixinho Zaqueu em cima de uma

---

[26] GRÜN, Anselm. *Atitudes que transformam como vivemos:* como poderíamos viver. Trad: Newton de Araújo Queiroz. Petrópolis-RJ: Vozes, 2017. p. 21.

árvore; Olhou com carinho para generosidade de um garoto que tinha somente cinco pães e dois peixes a ofertar e para o delicado gesto da pecadora que lavou seus pés com lágrimas e enxugou com cabelos; deu atenção à Samaritana sedenta de verdadeira felicidade; Nosso Senhor foi atento até mesmo no cume de Sua dor ao alto da cruz, quando acolheu e perdoou o ladrão arrependido. Ele ainda hoje é esse Deus atento a cada um de nós.

Precisamos ser atentos ao que é essencial. E, sem dúvida alguma, o que é mais essencial é ter Deus como razão, centro, sentido de nossas vidas. É o próprio Jesus que nos fala: "Pois de que aproveitará ao homem ganhar o mundo inteiro, se vier a perder a sua vida?" (Mc 8, 36) e acrescenta: "Buscai em primeiro lugar o Reino de Deus e a sua justiça e todas estas coisas vos serão dadas em acréscimo." (Mt 6, 33).

É muito sugestivo para nós que vivemos desatentos, com tantas obrigações e afazeres, que nos afastam dos planos de Deus, a passagem do evangelista São Lucas quando fala da visita de Jesus a Betânia e a postura de Marta e Maria. Enquanto uma se senta atenta para ouvir o Mestre, a outra está apressada e inquieta com as muitas obrigações a fazer. E o Senhor a exorta dizendo: "Marta, Marta, andas muito inquieta e preocupada com muitas coisas; no entanto, uma só coisa é necessária; Maria escolheu a boa parte, que lhe não será tirada." (Lc 10, 41).

Outro texto bíblico que me desperta muito para a necessidade de permanecer sempre atento e com os olhos fixos no Senhor é quando, no meio do mar bravio, Jesus manda Pedro andar sobre as ondas, e ele caminha sobre as águas, mas quando ele retira os olhos de Jesus e olha para o tamanho das ondas, inevitavelmente começa a afundar. O Mestre o salva, mas também exorta: "Homem de pouca fé, porque duvidastes?" (Mt 14, 31). Eu poderia acolher essas palavras desta forma: "Homem de pouca fé, porque se dispersou e retirou os olhos de mim?".

Desde o Éden, o inimigo de Deus, Satanás, é mestre em trabalhar para que sejamos descuidados e desatentos. Ele é "o pai da mentira" (Jo 8, 44). Uma de suas maiores ferramentas é a ilusão. São tantas as ilusões que nos aprisionam longe dos planos de Deus e tornam-se, em nossas vidas, constantes fontes de pecados.

A ilusão do Ter, do Ser e do Poder. A ilusão de que não precisamos de ninguém, nem mesmo de Deus; Ilusão de que se eu tiver muitos seguidores em minhas redes sociais, se eu tiver muito dinheiro, se eu for famoso e reconhecido, eu serei plenamente feliz; Quantas pessoas já conseguiram tudo isso e, mesmo assim, vivem vazias, perdidas de si mesmas, e vivem enfermas no corpo e na alma. De fato, toda ilusão gera desilusão. A perspicácia espiritual nos faz vencer as ilusões diabólicas que nos cegam para o querer de Deus. Os santos e as santas da Igreja são aqueles que constantemente estavam atentos a Deus e ao seu Reino. Nada e nem ninguém conseguia fazê-los perder o foco, a meta.

Não poderia terminar esta reflexão sem falar deste modelo por excelência de perspicácia espiritual, de atenção absoluta a Deus: A Santíssima Virgem Maria. Ela estava sempre atenta aos irmãos, como em Caná, mas nunca desatenta ao seu Senhor. Mesmo quando não entendia tudo, ela continuava acreditando. "Maria conservava todas essas palavras, meditando-as no seu coração." (Lc 2, 19).

Duas considerações importantes sobre a busca pela santidade

Tenho percebido no exercício do meu ministério pastoral, no grande público que consigo alcançar, duas realidades que me impactam a respeito da busca pela perfeição cristã; sendo uma boa e a outra que julgo ruim, inquietante e preocupante.

Quero ressaltar a primeira consideração que julgo muito positiva, a espiritualidade é uma palavra em evidência nos nossos dias, um assunto que desperta curiosidade e interesse não somente dentro dos ambientes religiosos e sagrados, mas mesmo além deles. Há uma evidente abertura dos corações à dimensão da espiritualidade, do que transcendente e sobrenatural. Mesmo em ambiente seculares e aparentemente estranhos ao que é religioso, vejo em pequenas e, por vezes, grandes instâncias aberturas a espiritualidade.

Em outros momentos, mas principalmente em tempos fortes, como Páscoa, Natal, já recebi convites para realizar momentos de espiritualidade e estive presente em hospitais, prédios da justiça, escolas, condomínios, praças, shoppings, salas comerciais, academias etc. E, por incrível que pareça, sempre encontrei um público que embora não estivessem dentro dos meus padrões religiosos, estavam abertos e atentos à Palavra de Deus que fui ali anunciar. E não tenho medo de dizer, que por vezes até mais interessados do que muitos que vejo constantemente nos bancos das Igrejas e que se julgam perfeitamente religiosos por isso.

Lembro-me com alegria e emoção a primeira vez que fui visitar um presídio quando fui missionário na região da Amazônia. Disse pra mim que iria, mas não sabia o que iria dizer. Rezei durante todo o caminho até o local pedindo a Deus discernimento e sabedoria. Ao chegar, o responsável pelo local me chamou numa sala a parte e me mostrou a ficha dos que eu iria encontrar. E me perguntou enfaticamente: *"o senhor quer mesmo entrar?"*. Confesso que tremi interiormente, pois eram pessoas que só de imaginar, eu na minha miséria humana, jamais passaria nem perto. Eram grandes criminosos: traficantes, assassinos, ladrões, enfim, pessoas que tememos e naturalmente repudiamos por causas de suas evidentes imperfeições humanas. Mas, dentro de mim sentia o coração arder com o desejo de ir a eles e por isso respondi prontamente: *"Sim, quero!"*.

Ao chegar à porta de uma pequena cela com um grande número de homens lá dentro, encontrei, além dos rostos surpresos, algumas reações nobres. Alguns vestiram as suas camisas (apesar do calor insuportável daquele lugar), outros acordaram uns que estavam dormindo dizendo: *"Ei, acorda para escutar o padre!"* o outro falou forte para os demais: *"Vamos fazer silêncio para ouvir a palavra de Deus!"* enquanto um discretamente juntou as mãos, fechou os olhos e baixou a cabeça. Essas posturas de disposição e respeito já me edificaram e aquele momento se fixou em minha mente até hoje. E, por graça de Deus, o texto que encontrei aleatoriamente em minha bíblia, para pregar a eles foi: *"Digo-vos que assim haverá maior júbilo no céu por um só pecador que fizer penitência do que por noventa e nove juntos que não necessitam de conversão."* (Lc 15, 7).

Nunca essa passagem bíblica fez tanto sentido para mim. Deus, sem deixar de amar os perfeitos, não se cansa de buscar e querer salvar os que julgamos os mais culpados e imperfeitos.

A segunda consideração que avalio como preocupante é a respeito da busca pela perfeição cristã nos nossos dias com os excessos e escrúpulos religiosos daqueles que se julgam espiritualmente superelevados e fervorosos. Em nome de um determinado "zelo" catequético, litúrgico, doutrinário, canônico e pastoral acabam caindo em um radicalismo militante, um rigorismo moral desmedido e uma observância cega de um legalismo tão rígido e opressivo que assusta e não se diferencia muito daquele do contexto religioso da época do Jesus.

São muitos os que se juntam em determinados grupos e movimentos fechados e inflexíveis e que abraçam e vivem um grande saudosismo de algo que nunca viveram, mas que lhes é apresentado por alguns mentores autoritários e aparentemente muito iluminados, como o único e mais perfeito jeito de rezar, ser cristão e se chegar à santidade.

É a espiritualidade da 'lupa detalhista', da 'fita métrica', da 'balança bem precisa'. Gostam de usar estes instrumentos que tudo observa, tudo mede e tudo pesa segundo os seus próprios critérios e padrões de perfeição. Diante de tanta dureza, severidade e crueldade disfarçada de religiosidade, cabe-nos lembrar do que o Mestre Jesus nos ensinou: *"Bem-aventurado os misericordiosos, porque alcançarão misericórdia!"* (Mt 5, 7) e que: *"Haverá juízo sem misericórdia para aquele que não usou de misericórdia."* (Tg 2, 13).

Em sua exortação apostólica *Gaudete et Exsultate*, o Papa Francisco exorta sobre os dois sutis inimigos da santidade que são o *Gnosticismo* e o *Pelagianismo*. São duas heresias dos primeiros séculos do cristianismo e que voltam com força na atualidade. Mas o que são, o que defendem essas heresias e quais são os prejuízos para a nossa busca pela santidade? Não é intensão aqui dar uma aula sobre cada uma destas heresias. Mas mostrar que elas ainda existem em nossos dias e muitos aderem a elas.

É preocupante porque há vários líderes influenciadores, algumas vezes perceptivelmente desequilibrados intelectual e afetivamente, que não possuem uma conhecimento básico de bíblia, teologia, pastoral ou formação humana, mas que, por seu discurso rigorista e puritano, que normalmente espiritualiza e demoniza quase tudo, acabam atraindo e formando um verdadeiro exército de adeptos que, muito rapidamente, buscam adequar aos seus exigentes padrões de comportamento.

> *A infantilidade na fé abre caminhos ao dogmatismo e à dureza de coração. Os dogmáticos, de modo geral, repudiam o novo*

e agarram-se, com unhas e dentes, ao passado. O que lhes falta em compaixão sobra em rigidez. Quando lhes falta argumentos costumam levantar a voz e impor autoridade. Quase sempre tentam ganhar no grito.[27]

Certa vez, ouvi um grande pregador falando sobre esta espécie de postura: *"Cuidado, se misturar água benta e terra santa, faz lama do mesmo jeito"*. Quantas histórias de conversões tão bonitas acabaram não alcançando a meta, por causa dos exageros. Pois o rigorismo evidente leva-os a uma vaidade espiritual.

Costumo dizer que o demônio é muito esperto e astuto. Ele sabe muito bem quais "iscas" nos atrai e seduz. Portanto, quando ele não consegue nos levar por meio de inúmeras formas de prazeres desordenados a uma vida completamente desregrada, errada, devassa, imoral e promíscua; certamente ele não desiste fácil e vai usar uma das suas grandes estratégias. O inimigo de Deus vai lutar para nos fazer ser um falso santo. Uma prática religiosa que segrega, aliena, fere, oprime e até mata.

O orgulho e a vaidade espiritual

O Evangelho nos apresenta inúmeros embates que Jesus travou com as autoridades religiosas da sua

---

27 GALVÃO, Francisco. *O cultivo espiritual em tempos de conectividade*. p. 30.

época. Pois não suportava ver os homens do sagrado sendo pedras de tropeços para tantas pessoas humildes e simples que buscavam sinceramente a salvação. Exortou-os dizendo bravamente: *"Ai de vós, escribas e fariseus hipócritas! Vós fechais aos homens o Reino dos céus. Vós mesmos não entrais e nem deixais que entrem o que querem entrar." (Mt 23, 13).*

A alta cúpula religiosa do templo formada pelos escribas, fariseus, saduceus, mestres da lei eram aqueles mais perseguiam, criticavam e tramavam ciladas contra o filho de Deus.

O orgulho é um veneno da vida de fé e um grande obstáculo para salvação. Jesus denunciava duramente essa postura de orgulho e vaidade espiritual das autoridades religiosas do Templo. Pois eles buscavam ser irrepressíveis em suas práticas religiosas para se exibir e serem vistos, elogiados, respeitados, reconhecidos pelos homens; Se sentiam justos, seguros de si e por isso desprezavam os outros como na parábola quando fariseu de pé se exalta diante do altar do Senhor e humilha o publicano dizendo: *"Graças te dou, ó Deus, que não sou como os demais homens: ladrões, injustos e adúlteros; nem como o publicano que está ali." (Lc 18, 11).* Como senhores da religião, viviam uma autossuficiência, um orgulho espiritual, uma aparente autodivinização. Para eles a salvação era a justa recompensa e o salário dos seus méritos e esforços pessoais.

O grande C. S. Lewis em uma Obra *Cristianismo puro e simples*, falando sobre a conduta cristã, fala do grande pecado do orgulho, diz:

> *O vício de que estou falando é o orgulho ou a presunção. A virtude oposta a ele, na moral cristã, é a chamada humildade (...) De acordo com os mestres cristãos, o vício fundamental, o mal supremo, é o orgulho. A devassidão, a ira, a cobiça, a embriaguez e tudo o mais não passam de ninharias comparadas com ele. É por causa do orgulho que o diabo se tornou o que é. O orgulho leva a todos os outros vícios; é o estado metal mais oposto a Deus que existe.*[28]

O orgulho está intimamente ligado à vaidade. Mas são diferentes. O orgulho é o sentimento e convicção pessoal de se bastar, ser 'ensimesmado', achar que não precisa de ninguém, querer e se achar o próprio deus da sua vida. A vaidade é também o desejo desordenado de se mostrar, ser reconhecido, admirado, aplaudido, elogiado, ocupar o lugar de Deus e se sentir maior e melhor do que os outros. Ambos são pecados, imperfeições que devem ser superados.

> *O orgulho plenamente desenvolvido pode até coibir a vaidade (...) o diabo adora "curar" um defeito menor com outro maior. Devemos nos esforçar para não sermos vaidosos, mas não devemos jamais nos valer do orgulho para curar a vaidade (...) O orgulho é um câncer espiritual: ele corrói a possibilidade mesma do amor, do contentamento e até do bom senso.*[29]

O termo *"fariseus"* indicava um grupo de pessoas separadas, distintas. Eram considerados "puros"

---
28 LEWIS, C. S. *Cristianismo puro e simples*. p. 162.
29 Idem. p. 167.

e por isso deveriam evitar qualquer contato com os pecadores. Ou seja, todos aqueles que por sua conduta pessoal ou pelo ofício de má fama que desempenhavam eram considerados e tratados como impuros. Esses eram repudiados e rigidamente julgados pelas autoridades religiosas daquela época. Exatamente, por isso, Jesus era criticado e desacreditado pelas mesmas autoridades que ficavam escandalizados ao verem, por exemplo, aquele Nazareno entrando na casa dos publicanos Levi (Lc 5, 29), Zaqueu (Lc 19, 5) e salvando a mulher adultera do apedrejamento (Jo 8, 11). Na concepção daqueles homens do sagrado, como poderia esse homem vir da parte de Deus e estabelecer tanta proximidade e se sentir à vontade na companhia daquela gente tão mal-vista e impura.

Para exortá-los, Jesus contou-lhes a parábola dos dois filhos, um que disse que não obedeceria a ordem do pai, mas obedeceu, enquanto o outro que falou que iria obedecer e não obedeceu ao pai. Então, afirmou o Senhor: *"Em verdade vos digo: os publicanos e meretrizes vos precederam no Reino de Deus! João veio a vós no caminho da justiça e não crestes nele. Os publicanos, porém, e as prostitutas creram nele."* (Mt 21, 31-32). Aqueles religiosos logo perceberam que eles eram como aquele filho da estória que disse que iria fazer a vontade do pai, mas não fez. Ao contrário, perseguiram e tramaram a morte do filho de Deus.

Entendamos, não é que Jesus os criticasse porque eles eram religiosos e buscavam praticar a Lei. Tanto que ele próprio ensina aos discípulos e ao povo como relação aos escribas e fariseus: *"Observai e fazei tudo o que eles dizem, mas não façais como eles, pois dizem e não fazem."* (Mt 23, 3). Jesus denuncia aqui a fé vivida apenas de aparência e sem prática: *"Esse povo me honra com os lábios, mas seu coração está longe de mim"* (cf. Mt 15, 8). O que o Senhor denunciava era a hipocrisia, o orgulho e a vaidade religiosa deles. Pois faziam suas obras com a intenção de ganharem benefícios com elas. Eles pregavam e eram extremamente exigentes com os outros, mas consigo eram brandos, leves.

Também nós, pela nossa prática religiosa, corremos o risco de sermos profundamente rígidos, legalistas e rigorosos com os outros, faltando com a caridade e misericórdia e, ao mesmo tempo, sermos muito complacentes com a gente mesmo. É sempre mais cômodo expor de forma condenatória os limites e pecados alheios, e escondermos os nossos por trás da aparência de piedosos e puros vivendo a farsa de vaidade espiritual estabelecendo os nossos critérios de justiça. O pregador pontifício denuncia esta prática afirmando:

> Condenamos os fariseus do Evangelho porque não têm misericórdia para com os erros do próximo, e talvez nem nos apercebemos de que muitas vezes fazemos exatamente como eles. Nós não atiramos pedras contra quem erra (isso até a

lei civil no-lo proíbe!), Mas sim, lama, maledicência, crítica. Se algum nosso conhecido cair, ou houver falatório sobre ele, ficamos claramente escandalizados, como aqueles fariseus. Mas isso não acontece porque se detesta verdadeiramente o pecado cometido, mas porque se detesta o pecador. Porque, por contraste com o comportamento alheio, se quer, inconscientemente, fazer brilhar a própria justiça.[30]

O fato de Jesus se aproximar e estabelecer relação com os pecadores que encontrou ao longo de sua missão, não quer dizer que ele concordasse como o jeito pecaminoso que viviam. Ele jamais foi subserviente com os pecadores passando a mão na cabeça e dizendo que eles poderiam continuar vivendo no pecado. Ao contrário, Ele sempre abominou os pecados, mas não os pecadores. A estes, sempre foi manifestada a força do perdão, do amor e da misericórdia.

Jesus não andava com os pecadores para se perverter, se corromper em sua missão. Ele ia ao encontro destes pecadores para salvá-los de seus pecados, libertá-los de suas prisões, curá-los de suas feridas. Ele próprio disse: *"Não são os que estão bem que precisam do médico, mas sim os doentes (...) Eu não vim chamar os justos, mas os pecadores."* (Mt 9, 12-13). Sua intenção sempre foi salvar os perdidos, sarar os enfermos e feridos no corpo e na alma.

A intenção é o que faz o ato ser puro ou impuro, certo ou errado, salvífico ou condenatório. Sempre

---

30 CANTALAMESSA, Raniero. *O rosto da misericórdia.*

gosto de considerar a intenção do gesto. Santa Bernadete, a humilde jovem que viu Nossa senhora em Lourdes, dizia: *"Antes da ação, purifique a intenção"*.

Somente duas pessoas possuem acesso direto às nossas consciências e intenções. A primeira é Deus, que faz isso de uma forma perfeita e justa; a segunda somos nós mesmos, e o fazemos dentro das nossas condições de limite e imperfeição. Portanto, não nos preocupemos, os outros normalmente somente podem deduzir, imaginar, achar o que se passa dentro da nossa consciência e quais são nossas intenções. Somente Deus e nós mesmos realmente sabemos o que existe dentro do nosso interior até que o revelemos a alguém.

Uma das obras mais lindas que já li do grande escritor russo Dostoiévski foi *Crime e Castigo*. Nela há uma parte que me lembro de que quando li me emocionei e chorei e por isso nunca esqueci.

No livro, Sônia é uma jovem pobre, franzina e sofrida, filha de um bêbado inveterado e enteada de uma mulher doente histérica e tísica, que se prostitui para poder salvar a sua família da penúria, pois ela vê os seus irmãos morrerem de fome. Apesar de ter que se prostituir ela é uma jovem de um coração extremante bondoso e temente a Deus.

A cena que me tocou profundamente foi quando ela, uma prostituta, lê para um assassino, o protagonista principal Raskólnikov, a quem ela tanto ama, o trecho do Evangelho da ressurreição de Lázaro no Evangelho de São João *(11, 1-45)*. Detalha o autor:

> *Raskólnikov virou-se para ela e ficou a olhá-la com emoção: é, então é isso mesmo! Ela já tremia de fato, de corpo inteiro, em verdadeiro estado febril. Ele esperava por isso. Ela se aproximava da palavra que narra o milagre mais grandioso e inaudito, e o sentimento de um imenso triunfo apossou-se dela. Sua voz se fez sonora como metal; triunfo e alegria soaram nela e lhe deram força. As linhas se embaralhavam diante dela porque a vista estava escurecida, mas ela sabia de cor o que estava lendo.*[31]

Sônia, frágil e imperfeita, em seu temor e tremor com um profundo sentimento de indignidade de está tocando e lendo o Evangelho, mas ela se torna anunciadora da Palavra de Deus, um instrumento de conversão para aquele criminoso e ele aprende a partir do seu amor que a vida tem sentido. Apesar daquela situação de morte interior que estava vivendo por ter se tornado um deplorável e cruel assassino, poderia ele agora, arrependido, ser ressuscitado por Cristo.

Isso não acontece somente nas páginas de uma obra da literatura universal, mas pode acontecer e acontece no hoje da nossa vida. Assim como aquela mulher Samaritana de má-fama, depois de se encon-

---

31 DOSTOIÉVSKI, Fiódor. *Crime e Castigo*. Trad: Paulo Bezerra. São Paulo: EDITORA 34, 2019. p. 334.

trar com Jesus na beira do poço e por Ele ser transformada interiormente, ela vai anunciar a todos: *"Vinde e vede um homem que me contou tudo o que tenho feito. Não seria ele, porventura o Cristo?"* (Jo 4, 29). Mesmo sendo tão frágeis, pecadores, limitados e imperfeitos, Deus pode tocar nossos corações e se usar de nossas vidas para ser instrumento d'Ele na vida de alguém. Porque muito mais importante do que quem anuncia, é quem é anunciado: Jesus nosso Senhor e Redentor.

Uma vez fui convidado a ir a um presídio visitar uma pessoa de alta reputação que foi presa acusada de corrupção. Confesso que imediatamente me veio à mente pensamentos farisaicos. Uma grande preocupação com a minha autoimagem. Refletia comigo mesmo: Mas se alguém souber que fui lá? Como vão interpretar minha ação? Não será um risco associar a minha imagem a alguém acusado de corrupção? Dentre outros pensamentos hipócritas. Na mesma hora me veio à voz do Espírito Santo forte no meu coração dizendo: O que Jesus faria? Ele não andou com pecadores? Não foi à casa de Zaqueu e sentou-se à mesa com publicanos? Não se aproximou e dialogou com uma samaritana de má fama na cidade? Ele não concedeu o Paraíso a um ladrão arrependido nos últimos momentos de vida? Não é Ele que dirá no julgamento final: *"Vinde, benditos de meu Pai, tomai posse do Reino que vos está preparado desde a criação do mundo, porque (...) estava na prisão e viestes a mim." (Mt 25, 36)?*

O Santo Espírito me balançou interiormente e me questionou incisivamente: E você está egoisticamente preocupado unicamente com a sua reputação, sua autoimagem? E eu envergonhado falei: *"É verdade, perdão Senhor, me envergonho disso!"*. Imediatamente disse "sim" ao convite e fui ao presídio e, nesse mesmo dia, tive a graça de, em um momento de celebração que conduzi pregando a palavra de Deus, cantando e tocando louvores e ministrando uma oração, transmitir o amor de Jesus não somente a aquele que iria visitar individual, mas a vários outros que lá estavam. Foi um momento muito lindo de profunda experiência com Deus. Lembro-me que, ao final, um deles veio ao meu encontro e disse com lágrimas nos olhos: *"Obrigado por o senhor ter vindo. Venha sempre, pois sua presença hoje aqui me fez sentir Deus!"*.

Eu posso dizer que revivi o que Jesus nosso Senhor um dia viveu na casa de Zaqueu quando ouviu palavras de profundo arrependimento daquele grande pecador público. Aquele homem que, segundo a opinião da sociedade daquela época, não merecia a visita de Jesus. Mas, na lógica de Deus, não é e não será assim. Ele é amor e por isso transpõe a lógica egoísta dos merecimentos. Ele simplesmente Ama gratuitamente.

Porque Jesus, sem se preocupar com as opiniões alheias, entrou na casa daquele publicano sem o acusar e ternamente agiu com misericórdia para com ele. Zaqueu teve sua vida tocada e transformada. E o senhor disse: *"Hoje entrou a salvação nesta casa. Porquanto também este é filho de Abraão." (Lc 19, 9)*. Sem vaidade espiritual, mas humildemente eu também posso dizer: "Naquele dia, de alguma forma, a salvação entrou naquele presídio. Porque também aqueles irmãos são filhos de Deus". Mesmo que muitos julguem que eles não são merecedores desta graça. Mas isso cabe a Deus julgar e decidir.

 Confesso que, a partir desse dia, eu aprendi que o medo egoísta de 'manchar' minha autoimagem, jamais poderá impedir a ação do Espírito Santo em mim. Pois se esse medo mesquinho for maior que minha fé em Deus, certamente eu serei muito pior do que todos os criminosos que já encontrei na vida. Pois serei um falso cristão que não pratica a amor, um religioso hipócrita disfarçado de bons modos. Eu sinceramente não seria nem um pouco diferente daqueles chefes da religião que Jesus denunciou com palavras fortes e assertivas. O que adianta parecer um bom cristão diante do mundo e não o ser diante do próprio Deus? Hoje é profundamente necessário refletir sobre isso. As Sagradas Escrituras já nos ensinam: *"O que o homem vê não é o que importa: o homem vê a face, mas o Senhor olha o coração." (cf. I Sm 16, 7).*

Quero partilhar outro episódio de minha vida que tive que vencer a minha hipocrisia religiosa para agir como Jesus agiria. Certo dia, um casal muito amigo me ligou e disseram que haviam comprado um carro e gostariam que eu o benzesse. Combinei com eles que viessem a Santa Missa que eu iria presidir às 18h no Santuário em que eu morava e, logo em seguida, eu iria fazer a benção. E assim aconteceu.

Mas algo inesperado ocorreu. Nos arredores do Santuário, à noite se torna uma zona de prostituição e enquanto eu benzia o carro havia umas três garotas que estavam ali e observavam tudo. Depois da benção do carro e de me despedir desse casal e eles partirem. Fui me encaminhando para o convento. Foi quando ouvi uma delas dizendo: "Ei Padre, isso aí é água benta?" e eu confesso que hipocritamente tive vontade de apressar os passos e fingir que não tinha escutado. Mas, mais uma vez o Espírito Santo veio clarear a minha consciência e perguntou: "O que Jesus faria neste momento?" Eu parei, voltei e disse: "Sim, é!" e ela me perguntou: "O senhor pode jogar um pouco aqui em nós?" e eu respondi: "Claro que sim!". Então, chamei-as um pouco para mais perto e olhando aqueles rostos tão jovens e bonitos, desfigurados por aquela condição de prostituídas, falei com muito amor: "Olhem, antes de abençoar vocês com esta água benta queria dizer algo para vocês, posso?" e elas prontamente balançaram a cabeça dizendo que sim. Então eu disse: "Independente do que vocês já fizeram ou fazem aqui, só quero dizer que vocês são muito amadas e valiosas aos olhos de Deus!" Depois fiz uma oração sobre elas e rezamos juntos um Pai-Nosso e uma Ave-Maria e por fim as abençoei com a água benta. Mas antes de ir eu disse: "Já que vocês me pediram algo, eu também posso pedir algo a vocês?" Elas ficaram meio sem graça, se entre olhando, mas disseram que sim. Eu pedi para dar um abraço em cada uma delas. Vi a surpresa no olhar, mas a alegria nos lábios. E quando eu abracei a cada uma com muito amor e sem nenhuma malícia, senti uma paz tão grande envolvendo aquele momento.

Foram apenas alguns minutos, mas que marcaram profundamente o meu coração e certamente o coração daquelas jovens. Eu sei que corri o risco de alguém (talvez muito piedosamente) ter me visto naquela situação e ter gravado e espalhado nas redes sociais ou denunciado para as minhas autoridades. Enfim, não falta sensacionalismo para esse tipo de conteúdo. Mas eu confesso que não me arrependi nem um pouco, pois fiz o que eu senti que Jesus faria e fez quando esteve sozinho na beira de um poço com uma mulher de má-fama na cidade. Pelo menos naquele dia um homem olhou para elas por um amor puro e sem interesse carnal. Pelo menos naquele dia alguém falou para elas do valor que elas têm para Deus e do amor que Ele tem por elas. Retornei para o convento tão feliz e com o coração tão em paz por aquele ato de amor do qual, hipocritamente, num primeiro momento, eu quis fugir. Muito obrigado Espírito Santo por tua agilidade em me arrancar das minhas formalidades religiosas e me levar a gestos concretos de amor e misericórdia.

Por nos amar profundamente, Deus não quer nos perder. Para Ele nós somos únicos, exclusivos e sempre valiosos. A alegria do Mestre é ver uma vida verdadeiramente arrependida e convertida. Um coração verdadeiramente contrito e humilde que foi tocado por sua graça e seu amor. Juntamente com ele, toda a Igreja celeste se alegra com uma alma salva. É como a ovelha desgarrada que foi achada. É a moeda perdida que foi encontrada. É o filho desobediente e pródigo que agora voltou arrependido e conheceu profundamente a misericórdia do Pai Amoroso. Com alegria nosso Senhor diz: *"haverá maior júbilo no céu por um só pecador que fizer penitência do que por noventa e nove justos que não necessitam de arrependimento."* (Lc 15, 7).

Cada pequeno e simples passo que damos para nos converter, buscar a santidade, superando nossas imperfeições, o pecado do orgulho e da nossa vaidade espiritual, é uma imensa alegria que damos ao Sagrado Coração de Jesus que tanto nos ama.

Capítulo 3

Humildade

"Tomai meu jugo sobre vós e recebei a minha doutrina, porque eu sou manso e humilde de coração."
(Mt 11, 29)

Discipulado e Humildade

A humildade é uma virtude fundamental para qualquer processo espiritual. Quem não tem consciência de suas próprias imperfeições humanas e fraquezas espirituais não conseguirá progredir positivamente na vida com Deus. Se olharmos a vida de todos aqueles que levaram um uma vida autenticamente cristã, tantos os que foram canonizados pela Igreja, como muitos que vamos encontramos ao longo da caminhada de fé, todos eles têm algo em comum, são simples e humildes.

Vejamos dois grandes exemplos: São Tomas de Aquino e São Francisco de Assis. O primeiro, Tomás, um frade Dominicano. Um homem extremamente culto, estudioso, erudito. Reconhecido como Príncipe da escolástica e Doutor angélico. Ele possuía uma magnifica e clara compreensão e sabedoria sobre as coisas celestiais. Escreveu inúmeras obras literárias, dentre elas destaca-se a *Summa teológica*, na qual detalhou com minuciosa habilidade e profundo conhecimento divino os ensinamentos da doutrina cristã. Era um religioso simples, apesar de sua potência intelectual. Foi um grande místico na ciência e prática da humildade em sua plena intimidade com Deus.

Francisco, um jovem filho de um burguês de Assis na Itália, levava uma vida mergulhada nos prazeres mundanos e depois de uma profunda experiência com Deus resolveu se despojar de tudo e abraçar o Evangelho como sua única regra de vida. Ele, totalmente nu e livre dos apegos materiais, abraça o Cristo pobre nos pobres e se torna um mendigo de Deus. De pé descalço, uma túnica áspera de saco cru, feita de remendos e uma corda na cintura, ele buscava imitar o Cristo que, sendo rico, se fez pobre.

O pobrezinho de Assis, não desejava as ordens sacras, se tornou diácono por uma necessidade, mas não queria nem mesmo que os seus irmãos estudassem. Queria que fossem tidos como ignorantes. Somente depois de um tempo, diante da ameaça dos erros doutrinários dos hereges e para melhor anunciar a Palavra de Deus e a sã doutrina católica, ele permitiu que Santo Antônio ensinasse a sagrada teologia aos irmãos. Mas, que isso não atrapalhasse e nem apagasse o espírito da santa oração.

A palavra *imperfeição* sugere muitos outros elementos: fragilidade, fraqueza, limite, baixeza, debilidade, erro. Se formos bem honestos veremos que, embora seja difícil aceitar e falar sobre essas realidades em nós, isso é um bom começo para grandes passos na busca pela santidade que desejamos. Não é pieguismo, drama, emocionalismo, vitimismo ou autodepreciação, mas consciência de quem se é. Aceitar que é a partir da consciência da própria imperfeição e do honesto desejo de superá-la é que se alcança a perfeição evangélica, que é um ideal nobre da vida cristã.

Uma ferramenta extremamente útil para essa aceitação é a via da humildade. Santa Joana Francisca de Chantal dizia que: *"Se não pudermos adquirir muitas virtudes, tenhamos ao menos a da humildade!"*. De fato, a humildade é o alicerce para um edifício espiritual. *"Humus"*, quer dizer, *"terra, solo, chão"*, de onde viemos e para onde voltaremos. Somos criaturas, feitas à imagem e semelhança de Deus, mas criaturas e não deuses ou semideuses. Não existe, nas Sagradas Escrituras ou na história da Igreja, a evidência de algum homem ou mulher que tenha alcançado a santidade sem a virtude da humildade.

O caminho da humildade é essencial, pois não nos permite o erro, mentira ou ilusão de que somos fortes por nós mesmos. A humildade é irmã da verdade.

Quando buscamos ser humildes, evidentemente sabemos que é porque, somos fracos, limitados e pecadores e sem a graça e o cuidado de Deus seremos muito piores do que somos.

"Em virtude da graça que me foi dada, recomendo a todos e a cada um: não façam de si próprios uma opinião

maior do que convém" (cf. Rm 12, 3). Por vezes, temos a tentação de nos gloriarmos e evidenciarmos nossas potencialidades e vitórias, tratando de esconder o que há de feio e fraco em nós. Mesmo que mascaremos essas realidades para nós e para os outros com discursos bonitos e refinados, com fotografias cheias de filtros, efeitos e retoques, não temos como esconder isso na individualidade do nosso eu e, muito menos, diante de Deus. O humilde São Francisco de Assis dizia sabiamente: *"O homem vale o que é diante de Deus e nada mais"*.

Ao contemplar nossa baixeza e a crueza da nossa miséria, somos capazes de perceber a necessidade que temos de nos humilharmos mais e mais na presença do Senhor. *"Humilhai-vos, pois debaixo da poderosa mão de Deus, para que ele vos exalte no tempo oportuno."* (I Pd 5, 6). De fato, *"a humildade precede a glória."* (Pr 18, 12). É o próprio Senhor que nos exorta: *"aquele que se exaltar será humilhado, e aquele que se humilhar será exaltado."* (Mt 23, 12).

O modelo perfeito de humildade é o próprio Mestre Jesus. Ele se encarnou e assumiu a nossa condição humana; nasceu num presépio de Belém. Foi criado por uma família humilde em um lugarejo simples como era Nazaré. Desenvolveu seu ministério entre os mais pobres e humilhados, foi capaz de se inclinar para lavar os pés dos seus próprios discípulos e morreu de forma humilhante e vergonhosa numa Cruz. Ele nos convida a contradizer a lógica mundana e buscar os últimos lugares. Fez nos introduzir em sua escola e nos diz: *"Tomai meu jugo sobre vós e recebei minha doutrina, porque eu sou manso e humilde de coração."* (Mt 11, 29).

São Paulo, em seu hino Cristológico aos Filipenses, afirma: *"Sendo ele de condição divina, não se prevaleceu de sua igualdade com Deus, mas aniquilou-se a si mesmo, assumindo a condição de escravo e assemelhando-se aos homens. E, sendo exteriormente reconhecido como homem, humilhou-se ainda mais, tornando-se obediente até a morte, e morte de cruz."* (Fl 2, 6-8).

Sempre achei muito forte esta expressão: *"Humiliavit semetipsum"* (Humilhou-se a si mesmo). Essa humilhação, aniquilamento, esvaziamento de si mesmo realizada por Jesus chama-se em grego *Kenosis*. Essa ação designa este rebaixamento de Deus. Ele, que sempre foi declarado e é Onipresente, Onisciente e Onipotente, agora Ele se revela humanos, pobre, humilde, frágil, despojado. Um Deus que ao invés de nos humilhar por causa de nossos pecados, Ele se humilha para nos curar e salvar deles.

Ele é um Deus que desce. Desce na Encarnação, desce no serviço de lavar os pés dos discípulos; desce no se fazer presente no Pão e vinho; desce no chorar e suar sangue no Getsêmani; desce ao ser negado e traído pelos seus; desce ao ser vendido pelo preço de um escravo; desce ao ser condenado, cuspido, esmurrado, chacotado, flagelado, corado de espinho, ultrajado ao longo da subida no calvário e pregado no lenho da cruz; Ele é um Deus que desce a tal ponto por amor a nós que aceita morrer completamente ferido e humilhado; Ele desce a mansão dos Mortos para salvar a humanidade decaída para depois ressurgir glorioso sobre o poder do pecado e da morte. Mas, antes de tudo isso, Ele desce e nos ensina que o caminho para vencer nossas imperfeições e alcançar a santidade é a humildade, está no ato de descer.

O orgulho, a autossuficiência, a soberba, a altivez é um abismo que a humanidade se precipita constantemente. É evidente o desejo maciço das pessoas pela evidência, pelos *likes*, pelos milhões de seguidores nas redes sociais, pelo *status*, pelo prestígio, pelo reconhecimento, pela glória, a fama, o sucesso, a exaltação. Infelizmente, essa constatação não se limita somente aos ambientes seculares, mas até no contexto religioso. Essa é uma triste, mas real constatação. Esse é o tal carreirismo desejado por muitos falsos cristãos, já denunciado, tantas vezes, pelo Papa Francisco.

Parece que precisamos recordar ou mesmo aprender que a via que o Mestre nos ensinou para sermos autênticos discípulos é esta: *"Quem quiser vir comigo, renuncie-se a si mesmo, tome sua cruz e siga-me.*

Porque aquele que quiser salvar a sua vida, perdê-la-á; mas aquele que tiver sacrificado a sua vida por minha causa, recobrá-la-á." (Mt 16, 24-25). É inconcebível e incoerente alguém se nomear cristão e não assumir estas condições feitas pelo próprio Senhor.

Renunciar a si mesmo, tomar a cruz diariamente e seguir os passos de Jesus exige uma disposição interior para trilhar o caminho da humildade que nos faz descer do pedestal da própria arrogância, do preconceito, da indiferença, do individualismo, da inveja, do desejo de vingança, do ódio, da intolerância, enfim, de tudo aquilo que nos coloca numa posição de superioridade sobre os outros e ainda mais senhores e deuses de nossa própria vida.

Jesus disse a Zaqueu: *"desce depressa, porque é preciso que eu fique hoje em tua casa." (Lc 19, 5).* Entendamos esse "descer" de Zaqueu não somente no sentido de um movimento físico, mas também espiritual. Um movimento interior que também nós precisamos fazer. O "descer" para o nosso íntimo espaço sagrado, para nossa casa interior e permitir que Jesus adentre e nos toque com sua presença amorosa para que nossas vidas sejam verdadeiramente transformadas por Ele que tudo pode curar, libertar e salvar.

O salmista nos ensina o caminho desta humilde e necessária descida. Reconhecendo sua pequenez, sua criaturalidade e imperfeições ele canta: *"Senhor, meu coração não se enche de orgulho, meu olhar não se levanta arrogante. Não procuro grandezas, nem coisas superiores a mim. Ao contrário, mantenho em calma e sossego a minha alma. Tal como uma criança no seio materno, assim está minha alma em mim mesmo."* (Sl 130, 1-2).

Observemos que essa imagem do Salmo é linda e sugestiva. Uma alma que não busca se elevar e não tem pretensões ambiciosas é livre, sossegada e calma como uma criança que descansa tranquilamente nos braços de sua mãezinha, uma inteira confiança, total abandono. Assim estamos nos braços de Deus quando não carregamos no peito um coração pesado de orgulhoso, arrogância e futilidades ilusórias e passageiras.

Lembro-me agora de meu amado pai São Francisco de Assis. Ele, enquanto vivia desfrutando dos benefícios de uma vida burguesa de luxo, prestígio e riqueza, não se sentia livre e feliz. Nem mesmo as festas, farras e todo tipo de prazeres mundanos que saboreou saciavam plenamente o seu coração. Ele queria ser nobre, conseguir o título de nobreza, por isso se tornou cavalheiro e foi guerrear. Mas foi apenas mais outra tentativa frustrada para conseguir a verdadeira paz e satisfação que seu interior buscava. E como Francisco encontrou isso? Quando aprendeu a ser humilde e começou a trilhar o caminho para a santidade descendo os degraus que necessitava dia após dia.

Primeiro ele desceu o degrau da vaidade e da vanglória na cidade de Espoleto, enquanto dormia, teve um sonho, ouvindo uma voz divina que o questionava se devia obedecer a Deus ou aos homens. Ele, como o filho pródigo da parábola de São Lucas, entrou em si e se encontrou consigo mesmo e viu que não deveria seguir para guerra, mas voltar, embora isso fosse um gesto vergonhoso para ele e sua família. Mesmo assim, ele voltou.

O Segundo degrau que Francisco teve descer foi o preconceito e indiferença. Ele tinha repugnância de leprosos, não queria nem vê-los, mas já tocado pela ação de Deus, ele um dia se encontra com um leproso, e reconhece nele o Cristo sofrido e desfigurado, então o beija. A partir de então para ele tudo o que era amargo se tornou doce. É isso que a caridade, a empatia, o altruísmo e a bondade trazem ao coração de quem as pratica.

O Terceiro degrau descido pelo jovem de Assis foi o da sua vontade própria, quando ele se encontra diante o crucifixo de São Damião, em uma Igrejinha deteriorada. Francisco olha para o Cristo e pergunta: *"Senhor, o que queres que eu te faça?"*. Esse questionamento a Jesus não deve ser romanceado, como tantas vezes eu o vi ser. Ele é existencial. Ele brota de um coração tocado e iluminado por uma força divina e que agora quer se entregar sem medidas. Creio que antes dessa pergunta, aquele jovem teve que realizar uma profunda reflexão interior, sobretudo a respeito daquilo que até então para ele era valioso em sua vida.

Descer o degrau da vontade própria não é tão simples e fácil. Obedecer a Deus e não a si, não é tão confortável muitas vezes. Imagino que não foi tão fácil ouvir do Cristo: *"Francisco, vai e restaura a minha Igreja, que como vês, está em ruinas."* e imediatamente deixar tudo e seguir ao Senhor como fizeram alguns discípulos no Evangelho. Mas, mesmo assim, Francisco o fez. Agora, decidido em sua acolhida a vontade de Deus e incompreendido por seu pai, ele se despiu de suas roupas e se despojou de sua herança em plena praça na casa do Bispo de Assis. E, partir de então, assumiu uma vida simples, humilde e pobre, tendo Deus como o seu único Pai e Senhor.

É certo que, ao longo da vida, Francisco teve que ainda descer muitos e muitos degraus de suas imperfeições até chegar a ser um perfeito bem-aventurado, vivendo em fraternidade com os seus irmãos, tornando-se um outro Cristo no mundo por meio dos estigmas. Sendo um irmão universal, louvando e convidando todas as criaturas a louvarem ao seu Altíssimo Criador. De fato, São Francisco de Assis é um grande exemplo de humildade e amor. Alguém que souber descer todos os degraus necessários para encontrar e realizar plenamente o plano de Deus para sua vida. Aprendamos com ele.

Capítulo 4

Alegria

"Alegrai-vos sempre no Senhor, repito: Alegrai-vos."
(Fil 4, 4)

Discipulado e a alegria

O Papa Francisco escreveu uma exortação apostólica chamada *Evangelii Gaudium* (A alegria do Evangelho) na qual nos convida a refletir sobre a alegria do evangelho que *"enche o coração e a vida inteira daqueles que se encontram com Jesus."*[32].

Santa Madre Teresa de Calcutá dizia que um dos piores defeitos de uma pessoa é o mau humor. Acredito que isso se torna ainda pior, sobretudo, quando se trata de um cristão. Como iremos transmitir a alegria de uma vida em Cristo com o rosto triste, uma cara amarrada, ranzinza, uma seriedade que assusta e afasta ou uma "aparência sofrida" de uma vida que se mostra muito "sacrificada" para parecer muito piedosa e assim arrancar elogios e aplausos por uma vaidade espiritual? Isso Jesus denunciou nos fariseus chamando de hipocrisia (cf. Mt 23, 27-28). O Papa Francisco exorta sobre esse tipo de batizado: *"Há cristãos que parecem ter escolhido viver uma Quaresma sem Páscoa"*[33]. Isso é uma triste realidade, mas que pode ser superada. Jesus passou pela Cruz, mas está Vivo e Ressuscitado.

---

[32] FRANCISCO. *Evangelii Gaudium*, nº 1.
[33] Idem. nº 6.

O apóstolo Paulo escrevendo aos Filipenses, exorta-os dizendo: *"Alegrai-vos sempre no Senhor, repito: alegrai-vos!"* (Fl 4, 4). Quando escutamos essas palavras é natural que pensemos: *"Mas como estar alegres sempre?"* Como estar alegre diante do fracasso, da frustação, da traição, da humilhação, da perseguição, da morte e tantos outros males que atingem nossa condição humana?

A verdadeira alegria cristã nasce da confiança que temos em Deus, em suas promessas. Apesar de qualquer dor e sofrimento que possa nos tocar, temos a certeza de que o Senhor todo poderoso cuida amorosamente de nós, mesmo que não possamos ver a sua ação. Ele cuida de nós. Isso não é uma ilusão espiritual ou um conformismo para anestesiar a aflição presente, mas é a fé que fundamenta a alegria, mesmo em meio a toda angústia. Lutero falava que a alegria é o coroamento da fé. A alegria cristã é uma atitude espiritual. Um profundo ato de fé.

Outro aspecto importante a ressaltar sobre a alegria cristã é que ela é fruto de uma peregrinação interior. Um processo. Uma caminhada de fé. É resultado de muitas ações por vezes até dolorosas, realizadas com verdade e pureza de intenção que visam sempre à transformação para o que mais agrada a Deus. Existe um trecho de uma música que gosto muito que diz assim: *"Pra sustentar meu riso, muito choro é preciso!"*.

Normalmente não conhecemos os bastidores sofridos por trás da alegria de um palhaço; da serenidade de um terapeuta; da força interior de um sacerdote; da disponibilidade de um médico; da criatividade de um professor; da determinação de um atleta; do sucesso de um empreendedor; da garra e resiliência de um pai e uma mãe de família. De fato, nem sempre conhecemos as dores, sofrimentos, angústias e lágrimas que sustentam o sorriso e a alegria de viver de muita gente. Santa Madre Teresa de Calcutá dizia que por trás de um sincero sorriso se esconde uma vida de sacrifício. Esse tipo de alegria não é fingido, superficial e instável.

O mesmo São Paulo diz que a alegria é um fruto do Espírito Santo (cf. Gl 5, 22) e que essa alegria não está condicionada apenas a circunstâncias boas, tranquilas e favoráveis. Ao contrário, também nos momentos de contrariedades devemos nos alegrar como ele mesmo disse: *"Eis por que sinto alegria nas fraquezas, nas afrontas, nas necessidades, nas perseguições, no profundo desgosto sofrido por amor a Cristo. Porque, quando me sinto fraco, então é que sou forte."* (II Cor 12, 10). Quem garante a nossa alegria é a certeza de que Jesus está no meio de nós: *"A alegria do Senhor é a nossa força!"* (cf. Ne 8, 10).

São Francisco de Assis é conhecido como o santo da alegria, mas isso não quer dizer que ele não tenha passado por momentos de tentações, provações, tribulações. Ele dizia a seus confrades: *"Devemos alegrar-nos, quando formos submetidos a diversas provações e quando suportarmos quaisquer angústias da alma ou do corpo ou tribulação neste mundo por causa da vida eterna"*[34].

Nas Fontes Franciscanas encontramos a belíssima história do diálogo de Francisco sobre o que de fato seria a perfeita alegria. E depois de dizer que a perfeita alegria não era apenas dar um grande exemplo de vida; possuir a capacidade de realizar milagres e exorcismos; ter a habilidades de falar várias línguas (até a dos anjos) e ter em si o dom das profecias; conhecer toda Sagrada Escritura e as ciências terrenas e espirituais ou pregar perfeitamente a ponto de converter a todos os infiéis... O irmão Leão lhe questiona sobre o que seria então essa perfeita alegria. E o seráfico pai São Francisco responde: *"Se suportarmos tal injúria e tal crueldade, tantos maus-tratos, prazenteiramente, sem nos perturbarmos e sem murmurarmos contra ele e pensarmos humildemente e caritativamente que o porteiro verdadeiramente nos tinha reconhecido e que Deus o fez falar contra nós: ó irmão Leão, escreve que nisso está a perfeita alegria"*[35].

---

34 *RnB 17,8*. Idem. p. 177.
35 *Fior 8* Ibid. p. 1502.

O romance *Em nome da Rosa*, de 1980, do italiano Umberto Eco, aborda uma das grandes questões discutidas entre os Franciscanos e os Beneditinos: se Jesus Cristo sorria ou não. Para os monges do livro, a alegria deveria ser contida e pelo respeito ao sagrado, a seriedade deveria ser mantida, enquanto para os frades a alegria deveria ser expressa e evidenciada no cotidiano da vida como um fruto do Espírito Santo.

Realmente não é comum encontrar um ar de bom humor e evidente alegria nas representações do Cristo na Idade Média e em outros tempos da história mesmo no contexto da ressurreição.

Nas Sagradas Escrituras encontramos que *"Jesus exultou de alegria no Espírito Santo..." (Lc 10, 21);* Não imagino o Cristo mestre no casamento em Caná da Galileia mal-humorado num canto de parede 'fiscalizando' os convidados pra saber quem estava se divertindo direitinho. Também não imagino Jesus de cara amarrada acolhendo as crianças e nem mesmo depois da cruz quando apareceu ressuscitado para os seus discípulos e eles *"alegraram-se ao ver o Senhor." (Jo 20, 20).*

Para a espiritualidade franciscana, a alegria é um verdadeiro exorcismo e proteção contra a ação do Mal em nossas vidas: *"Este santo afirmava que o remédio mais seguro com as mil insídias e astúcias do inimigo é a alegria espiritual (...) Quando a alegria espiritual enche os corações em vão a serpente derrama o veneno letal. Os demônios não podem ofender o servo de Cristo, quando o virem repletos de santa alegria"*[36].

E podemos nos perguntar: *"E que santa alegria é essa?"* Certamente, a alegria que brota da vida em Cristo. Uma alegria que é o fruto de uma vida guiada pelo Santo Espírito de Deus. Uma alegria que enfrenta as contrariedades, mas constrói exatamente aí a santidade. Essa alegria nos eterniza. É uma alegria que não é ilusória e temporal, ela nos conduz à ressurreição para a vida eterna. Temos inúmeros testemunhos de alegria plena que são os santos e santas da Igreja. Homens e mulheres que, apesar de vidas marcadas por tribulações e sofrimentos, entregaram totalmente suas vidas a Deus e encontraram n'Ele a verdadeira alegria, paz e felicidade. Jesus garantiu: *"Vós havereis de estar tristes, mas a vossa tristeza há de converter-se em alegria."* (Jo 16, 20) e *"Ninguém poderá tirar a vossa alegria."* (Jo 16, 22).

O grande escritor cristão C. S. Lewis, que foi ateu durante muitos anos, encontrou na fé cristã uma fonte de verdadeira alegria para viver. Em seu livro *Cartas de um diabo a seu aprendiz*, ele apresenta o diabo orientando a seu aluno sobre o perigo do louvor e da alegria que brota da fé em Cristo Jesus. Vejamos:

---

[36] II Cel 125, 1-5 FONTES FRANCISCLARIANAS. p. 380.

Não sabemos a causa verdadeira. Algo semelhante se expressa em muitos naquela arte detestável a que os humanos dão o nome de Música, e algo semelhante ocorre no Céu – uma aceleração sem propósito no ritmo da experiência celestial, algo bastante vago para nós. O riso desse tipo não nos é proveitoso de modo algum, e sempre deve ser desencorajado. Além disso, o fenômeno é em si mesmo repulsivo e uma ofensa direta ao realismo, à dignidade e à austeridade do Inferno. A Diversão está estritamente ligada à Alegria – um tipo de subproduto emocional do instinto da brincadeira. Ela é de pouco proveito para nós. É claro que pode ser utilizada vez ou outra para desviar os humanos de alguma outra coisa que o Inimigo gostaria que eles sentissem ou fizessem; mas, em si mesma, a alegria tem consequências indesejáveis – ela promove a caridade, a coragem, satisfação e muitos outros males.[37]

O diabo realmente sabe o poder e a grandeza do louvor e da alegria cristã. Ele sabe muito bem o que um cristão alegre pode fazer no mundo tão contaminado pela dor e sofrimento. O Demônio sabe quais são os grandes benefícios salvíficos (que aqui ele chama de "outros males"), uma vida bem-aventurada pode ocasionar na história. E, por isso, ele teme essa alegria já tão evidenciada na vida de tantos homens e mulheres ao longo da história da Igreja. *É atormentador para o Inferno o sincero sorriso de São Francisco de Assis, de São João Bosco, de Santa Teresinha do Menino Jesus, de Santa Teresa de Calcutá, São João XXIII e do Jovem Carlo Acutis e de tantos outros amigos do Céu.*

---

37 LEWIS, C. S. *Cartas de um diabo a seu aprendiz*. p. 52.

O Papa Francisco é um líder muito carismático. *Já percebi que*, nas celebrações, é perceptível notar seu semblante mais sério, o seu comportamento introspectivo, ele fica mais compenetrado, silencioso, sereno e contemplativo. Mas, no encontro com as pessoas, ele é descontraído e por vezes brincalhão. O seu sorriso e a alegria são muito evidentes em todo o seu exercício pastoral. Em suas visitas a instituições carentes, viagens missionárias, nas audiências, na oração do Ângelus, dentre outros momentos, é muito fácil encontrá-lo risonho, terno e acolhedor. Um homem que transparece um bom humor.

Em sua Exortação Apostólica *Gaudete et Exsultate* sobre a santidade no mundo atual, ele faz questão de apresentar a alegria como uma das características da santidade necessárias para os nossos dias. Afirma o pontífice: *"O Santo é capaz de viver com alegria e sentido de bom humor." (N. 122)*. Temos muitos exemplos de santos e santas que assumiram a alegria como um instrumento de evangelização, pois o sorriso e o bom humor atraem e conquistam os corações para o reino de Deus.

Lendo esse documento aprendi uma oração atribuída a São Tomas Moro que o Papa Francisco reza e nos recomenda rezar, parte dela é assim:

> *Dai-me uma alma que não conheça o tédio, as murmurações, os suspiros e os lamentos, e não permitais que sofra excessivamente por essa realidade tão dominadora que se chama "eu". Dai-me, Senhor, o sentido do humor. Dai-me a graça de entender os gracejos, para que conheça na vida um pouco de alegria e possa comunicá-la aos outros. Assim seja.*[38]

"*O mau humor não é um sinal de santidade.*" (N. 126). Lembro-me de quando assisti ao filme *Eu prefiro o Paraíso,* que conta a vida e a santidade de São Felipe Neri. Ele é conhecido como o santo e o profeta da alegria. Confesso que fiquei muito emocionado e edificado com a sua alegria radiante que era a base de seu apostolado. Uma frase que ele gostava de dizer a todos: *"Longe de mim o pecado e a tristeza".* Que possamos aprender com esse grande santo que sempre buscava em tudo agradar a Deus, pois desejava alcançar o Paraíso, o Céu, a alegria eterna na Glória Celeste.

A alegria mundana oferecida pelo Demônio é pura ilusão. Como uma comida aparentemente saborosa, mas que contém veneno. O ter, o ser e o poder desta vida causam uma evidente alegria que atraem e conquistam muitos corações. Mas é preciso se pergunta: Qual é o preço de tudo isso? Ouvi, certa vez, uma expressão que dizia: *"O demônio dá com uma colher e tira com uma concha".* A alegria de uma sexualidade desregrada, do efeito das drogas, da fama, do poder, da vaidade e tantas outras formas de "alegria" que

---

[38] FRANCISCO, Exortação Apostólica *Gaudete et Exsultate.*(N. 126, nota de roda pé 7.)

o mundanismo nos oferece, tem prazo de validade. Além de poder nos levar a uma condenação eterna, já começa a nos condenar no hoje da nossa vida. Basta contemplar a nossa realidade.

Vivemos numa cultura do entretenimento, existem aplicativos para satisfazer todas as nossas necessidades humanas. São inúmeras oportunidades de satisfação imediatas de nossos desejos carnais. Então, se satisfazer desordenadamente as nossas vontades e desejos carnais nos trazer plena alegria, por que constatamos tantas pessoas mergulhadas num vazio existencial, em várias doenças emocionais que muitas vezes levam ao desespero e até mesmo ao suicídio? Que alegria é essa que passa depois do efeito de um momento de prazer momentâneo e, além disso, aprisiona, oprime e mata? Esse tipo de alegria não pode ser a verdadeira alegria.

A nossa verdadeira alegria nasce do mistério do Deus encarnado, do nosso Salvador Jesus Cristo que veio a nós como disse o anjo aos pastores de Belém: *"Não temais, eis que vos anuncio uma Boa-Nova que será alegria para todo o povo: hoje vos nasceu na cidade de Davi um Salvador, que é o Cristo Senhor." (Lc 2, 10-11)*. E essa alegria se completa com a vitória de Jesus sobre o pecado e a morte. Diante do túmulo vazio temos a certeza: *"Não está aqui, mas ressuscitou." (Lc 24, 5)*.

Gostaria de terminar essa reflexão com algumas perguntas para levarmos para nossa oração pessoal. Quais alegrias temos vivenciado, as mundanas ilusórias e passageiras ou as que brotam da vida segundo o Espírito Santo que são verdadeiras e eternas? Será que muitas vezes eu não vivo uma 'espiritualidade' de Quaresma sem Páscoa? Será que minhas murmurações, cara fechada, mal-humor não tem sido o meu contratestemunho de vida cristã para o mundo? Será que estou disposto a assumir "a perfeita alegria" proposta por São Francisco de Assis? Qual é o fundamento da minha alegria?

Capítulo 5

Fracasso

"Porque, quando me sinto fraco, então é que sou forte."
(II Cor 12, 10)

Discipulado e o Fracasso

"Fracasso" normalmente é uma palavra que não gostamos que faça parte de nossa vida. Pois ela sugere humilhação, derrota, falta de êxito, malogro, insucesso, dano, prejuízo, perca, irrealização e tantas outras coisas que nem queremos imaginar que de alguma forma venha fazer parte de nossa existência. Fugimos constantemente dos fracassos, porém, eles fazem parte do processo natural da vida, queiramos ou não.

Se olharmos cuidadosamente para história de Jesus Cristo, veremos também uma vida marcada por realidades de fracassos. Como assim? O próprio relato do nascimento em Belém conta que o Messias esperado, mesmo sendo da descendência real de Davi, não nasceu em um berço de ouro, em um castelo, mas *"envolvendo-o em faixas, reclinou-o num presépio; porque não havia lugar para eles na hospedaria." (Lc 2, 6-7)*. Podemos imaginar como o Rei dos Reis nasce nessas condições deploráveis de um curral de animais? Isso humanamente falando parece um fracasso.

Ele viveu e cresceu no seio de uma família pobre. José e Maria viviam de forma simples e modesta. Um humilde carpinteiro e uma jovem dona de casa são aqueles que cuidaram e educaram o filho de Deus em uma cidadezinha pobre, insignificante e até não muito bem-vista naquela época. Lembremo-nos das palavras carregadas do preconceito de Natanael quando soube que Jesus era de Nazaré: *"Pode vir alguma coisa boa de Nazaré?"* (Jo 1, 46). Como o Messias pode vir de um lugar como esse? Isso, humanamente falando, parece um fracasso. Lembremos que após o discurso do Pão Vivo descido dos Céus, feito após a multiplicação dos pães, muitos deixaram de seguir a Jesus (*cf. Jo 6, 66*).

Jesus, como um bom judeu, também sofreu todos os males do poder opressor do Império Romano reinante e de uma Religião mergulhada em um legalismo, rigorismo e hipocrisia.

Como discípulos, ele não escolheu os mais piedosos, cultos, eruditos e bem-sucedidos daquele contexto. Mas escolheu os simples, pescadores, ignorantes, de temperamentos difíceis. Escolheu também um cobrador de impostos que era um pecador público. Escolheu o desconfiado Tomé e o interesseiro Judas. Enfim, homens cheios de limitações humanas. Um "time" que, humanamente falando, parecia não ser bom, de sucesso. E de fato, num primeiro momento, mesmo depois de tantos esforços que Jesus teve de pedagogicamente educá-los nos valores evangélicos, eles fraquejavam na fé, queriam lugares de honra e privilégios, pois discutiam quem dentre eles era o maior. Não esqueçamos que um O traiu, o outro O negou e os outros fugiram no momento da dor e do sofrimento.

Mesmo Jesus tendo alcançado um grande sucesso com suas pregações, exorcismos, curas, milagres, em um determinado momento Ele estava preso, silenciado, flagelado, coroado de espinho, escarnecido, brutalmente humilhado e crucificado de forma desumana, vergonhosa e cruel. Como pode ser? O filho de Deus morrer assim! Se olharmos humana e cruamente para Jesus crucificado veremos um homem totalmente fracassado. Quem podia imaginar que, naquela aparente vida derrotada, Deus estava nos salvando? Mas era exatamente isso.

Nem tudo o que parece um fraco fim, um ponto final, de fato é. Os fracassos da vida de Jesus guardavam grandes sementes de ressurreição. Ele veio nos mostrar que, em sua lógica, nem sempre quem perde deixou de ganhar.

Mas como entrar nessa lógica de Jesus vivendo em uma sociedade que prega constantemente que devemos empreender, crescer, prosperar, "se dar bem", alcançar o topo. Ter e ganhar cada vez mais fama, aplausos, reconhecimento, poder nem que pra isso eu precise me corromper e destruir alguém?

Certa vez encontrei uma mãe muito triste porque o filho que nunca tinha sido reprovado havia tirado nota baixa e não tinha ganhado a medalha de ouro daquela vez na escola. E eu olhei pra ela e disse: "Quem bom que isso aconteceu!" e ela me olhou com um olhar reprovativo, mas eu a expliquei que todos nós precisamos provar o fracasso algumas vezes na vida, isso é saudável para formação de uma personalidade.

Ninguém amadurece de verdade só ouvindo "Sim", "tirando 10", "ganhando ouro", conquistando os melhores pódios e colecionando vitórias. Por vezes, precisamos entender que mais importante que ganhar sempre é tentar, participar, competir, buscar, mesmo sabendo que por vezes dará certo e outras vezes não. Faz parte...

Lembro que quando eu era criança cresci assistindo o desenho do *Pica Pau* e me encantava o fato de ele no final sempre se dar bem em tudo. Assim também era o Didi, personagem do Renato Aragão em *Os Trapalhões*, depois de tudo ele sempre se dava bem. Creio que era assim na maioria das histórias de super-heróis, eles sempre se dão bem no final e aquela frase celebre predomina *"E foram felizes para sempre..."*.

Porém, será que é de fato é assim na vida? Não, não é! Na vida existem fracassos. Um dia iremos provar a humilhação, a decepção, a difamação, a traição, a frustação, a inveja, o preconceito, a intolerância, a discriminação, a rejeição, a falência de um negócio, a perda de um bem, a morte de quem nós amamos etc. O nosso corpo, por mais saudável que possa ser, um dia naturalmente ele tende a definhar, viram as rugas, os cabelos brancos, as gordurinhas localizadas, a indisposição física e por aí vai. E diante desses "fracassos" o que faremos?

Há algumas pessoas que acham que o fracasso é o fim, como parecia ser a morte de Jesus na Cruz. Mas não era. Não foi. Não precisa ser! É bonito e sugestivo quando São Paulo diz: *"Eis por que sinto alegria nas fraquezas, nas afrontas, nas necessidades, nas perseguições, no profundo desgosto sofrido por amor de Cristo. Porque, quando me sinto fraco, então é que sou forte." (II Cor 12, 10)* Ele, Saulo que foi inimigo e perseguidor de cristãos se tornou São Paulo, o Apóstolo dos Gentios. Sabias e profundas palavras que reconhecem que nas fraquezas e nas limitações podemos encontrar forças interiores que jamais imaginávamos ter. No meio de tudo o que parecia ser uma tragédia, um fim, Deus faz nascer algo novo. Como o mesmo apóstolo diz em outra carta: *"Onde abundou o pecado, superabundou a graça." (Rm 5, 20).*

Eu gosto muito da simbologia da flor de lótus, que é uma planta aquática de origem asiática que simboliza a pureza. É um símbolo importante para o budismo. A flor de lótus tem uma característica muito especifica, é uma das flores mais lindas e perfumadas do mundo. Porém, ela nasce nos pântanos, nas lamas mais podres que existem. Creio que isso esteja em perfeita consonância com o que o apóstolo diz: *"Onde abundou o pecado, superabundou a graça." (Rm 5, 20)*. Da podridão dos nossos fracassos, Deus pode fazer nascer muitas 'flores de lótus'.

Outro simbolismo que eu gosto de ilustrar para falar do descer, do saber aproveitar os fracassos da vida é a imagem do lixo. Isso mesmo! Quanta beleza e riqueza podem nascer do lixo. Muitas instituições hoje trabalham e sobrevivem reciclando lixo. Aquilo que parecia não servir para mais nada, se tornam peças belas e valiosas.

Encontro muitas pessoas sofrendo porque não conseguem acompanhar, mesmo que tentem muito, determinados padrões que se impõem como modelos para uma vida perfeita. Por vezes, isso cresce a tão ponto que gera um perfeccionismo exagerado e doentio ao ponto de gerar não só angústia, dor, sofrimento físico e emocional, mas pode até levar à morte. Por exemplo, possuir um corpo escultural como critério de beleza física. Quantas pessoas se submetem a cirurgias e procedimentos estéticos desnecessários para conseguirem alcançar os padrões de perfeições estéticas. São inumeráveis os casos de pessoas com bulimia, anorexia, porque desejam o tão sonhado "corpo perfeito". É necessário vencer essa mentalidade opressiva.

É notável que normalmente escondemos as nossas imperfeições, limites e fracassos. Os filtros, *photoshop*, maquiagens e muitos outros meios, buscam mascarar a realidade, e apresentar o que não se é, pois 'o padrão' estabelecido, normalmente pelos meios de comunicação não tolera o, que é segundo os seus critérios, "imperfeito". O *bullying* é um grande exemplo desta ditadura de perfeição. Alguém que não esteja dentro dos nossos padrões de perfeição é humilhado, excluído, violentado e por vezes morto.

Não sei o porquê temos tanta vergonha e medo de que descubram nossa imperfeição, se todos nós possuímos alguma. Somos cheios de contrários. É próprio da nossa condição humana o limite, ou seja, o que é imperfeito. Não falo isso, para nos conformarmos com nossos defeitos e cairmos num pessimismo ou depreciação de nós mesmos. Mas para que, conhecendo e aceitando nossas imperfeições, possamos buscar a superação delas.

Certa vez, ouvi em numa pregação uma história tão bonita. Deus sabe perceber não para além de nossos defeitos, mas enxerga nossas qualidades. Gosto desta estória.

"Contam que na carpintaria houve uma vez uma estranha reunião de ferramentas, para tirar as suas diferenças. O martelo exerceu a presidência, entretanto o notificaram que teria de renunciar. Por quê? Fazia demasiado ruído, e, também, passava o tempo todo golpeando. O martelo aceitou a sua culpa, mas pediu que também fosse expulso o parafuso. Disse que ele necessitava dar muitas voltas para que servisse para alguma coisa. Ante o ataque, o parafuso aceitou também, mas em sua vez pediu a expulsão da lixa. Provou que ela era muito áspera sem seu tratamento e sempre teria atritos com os demais. A lixa esteve de acordo, com a condição que também fosse expulso o metro, que sempre ficava medindo os demais segundo sua medida, como se fora o único perfeito. Nisso entrou o carpinteiro, colocou o avental e iniciou o seu trabalho. Utilizou o martelo, a lixa, o metro e o parafuso. Finalmente, a grossa madeira inicial se converteu em um lindo móvel. Quando a carpintaria ficou novamente só, a reunião recomeçou. Disse o serrote: - Senhores, foi demonstrado que todos temos defeitos, entretanto o carpinteiro trabalha com nossas qualidades. Isso é o que nos faz valiosos. Assim, superemos nossos pontos negativos e concentremo-nos na utilidade de nossos pontos positivos. Todos concluíram, então, que o martelo era forte, o parafuso unia e dava força, a lixa era especial parta afinar e limar a aspereza, e o metro era preciso e exato. Sentiram-se uma equipe capaz de produzir móveis de qualidade"[39].

---

39 RANGEL, Alexandre. *As mais belas parábolas de todos os tempos.* Vol I. pp. 108-109.

Capítulo 6

Amor

"Dou-vos um novo mandamento: Amai-vos uns aos outros. Nisto todos conhecerão que sois meus discípulos, se amardes uns aos outros."
(Jo 13, 34-35)

O discipulado para o Amor

Jesus poderia ter-se tornado um revolucionário político ou um fundamentalista religioso. Mas não o fez! Naquele contexto, o que se percebe de extremo em Jesus foi a sua inigualável forma de amar! Aprendamos com o Mestre!

Henri Nouwen em seu livro *O curador ferido* nos fala de três caminhos da humanidade para a libertação. Caminhos pelos quais buscamos sair dos casulos de voar. São eles: O caminho da Mística, o caminho da Revolução, ambos com as suas idiossincrasias positivas e negativas. Então o autor aponta um terceiro caminho que é o que eu gostaria de ressaltar aqui: o Caminho cristão. Ele afirma:

> É minha crescente convicção de que em Jesus os caminhos místico e revolucionário não são opostos, mas os dois lados do mesmo modo humano de transcendência experiencial (...). Todo revolucionário é desafiado a ser um místico em seu íntimo, e aquele que percorre o caminho místico é chamado a desmascarar o caráter ilusório da sociedade humana (...). Para um cristão, Jesus é aquele em quem de fato se tornou manifesto que revolução e conversão não podem ser separadas na busca humana pela transcendência experiencial (...). Jesus foi um revolucionário que não se tornou um extremista, já que não ofereceu uma ideologia, mas a si mesmo.

O caminho da vida cristã condensa elementos essenciais da experiência mística e da ação revolucionária. Se olharmos a vida dos autênticos cristãos ao longo da história, canonizados ou não, é notável que suas vidas revolucionaram os contextos em que viveram. Pensemos em São Bento e Santa Escolástica; São Francisco e Santa Clara de Assis; Santa Teresa d'Ávila e São João da Cruz; São João Maria Vianey, São Padre Pio, Santa Teresa de Calcutá, São João Paulo II, Santa Irmã Dulce e o Jovem Carlo Acutis e tantos outros e outras. Vejamos quantas libertações em vários aspectos, estes foram capazes de promover na época em que viveram, somente a partir das exemplares vidas cristãs.

Aqui cabe uma pergunta importante. O que fundamentou e fundamenta a autêntica vida cristã que é capaz de libertar os corações de todo Mal e trazer salvação. A Santa Doutora da Igreja, Terezinha do Menino Jesus, em sua breve vida, conseguiu descobrir e nos ensinar: Amar e Ser amor no mundo a exemplo do nosso Mestre Jesus, para que deste modo possamos alcançar e plena vida bem-aventurada. Ela nos relata em sua autobiografia *História de uma alma*:

> *E explica o Apóstolo como todos os dons, ainda os mais perfeitos, não são sem o Amor (...) Fiquei finalmente entendendo que o amor era o cofre onde se encerra todas as vocações, que o amor era tudo, que abrangia todos os tempos e todos os lugares, porque era eterno! No auge então da minha delirante alegria exclamei: "Ó Jesus, meu amor! Encontrei, por fim, a minha vocação! A minha vocação é o amor! Sim, encontrei o lugar que me compete no seio da Igreja: esse lugar forte vós que me destes, ó meu Deus: coração da Igreja, minha*

Mãe, eu serei o amor! Desde modo serei tudo, e assim se realizará o sonho de toda a minha vida![40]

"Dou-vos um novo mandamento: amai-vos uns aos outros. Como eu vos tenho amado, assim também vós deveis amar-vos uns aos outros. Nisto todos conhecerão que sois meus discípulos, se vos amardes uns aos outros." (Jo 13, 34-35).

Quando um doutor da lei se levantou e perguntou a Jesus o que deveria fazer para ter a vida eterna, o Senhor lhe responde citando a necessidade do amor a Deus e ao próximo como a si mesmo. Então o evangelista ressalta em seu texto: "Mas ele, querendo justificar-se, perguntou a Jesus: 'e quem é o meu próximo' ?" (Lc 10, 29). É então que é contada a parábola que conhecemos como o Bom samaritano.

Confesso que essa é uma das minhas passagens bíblicas preferidas, não só porque fala da necessidade do amor prático. Do precisar aprender a se fazer próximo de quem mais precisa, o que, naquele momento, infelizmente os homens da religião, o levita e o sacerdote, não foram capazes de realizar, mas viram o homem quase morto à beira do caminho e simplesmente passaram adiante.

Todas às vezes que leio esse texto, eu reflito: Jesus desmascara a nossa hipocrisia de querer "jus-

---
[40] SANTA TERESINHA DO MENINO JESUS. *História de uma Alma*. Minha Biblioteca Católica. 2018. pp.233-234.

tificar-se" para não praticar o amor devido. Ficamos mentalmente selecionando e racionalizando segundo os nossos pobres conceitos de bondade, compaixão e misericórdia, quem merece ou não a nossa atenção e amor. Cruamente posso dizer, muitas vezes arranjamos as desculpas mais esfarrapadas, egoístas e mesquinhas para justificar a nossa indiferença e falta de amor, sobretudo, aos que encontramos caídos ao longo da nossa vida.

"*Aquele que não ama não conhece a Deus.*" (I Jo 4, 8). Deus não é uma mera teoria, um conceito vago ou abstrato, Ele é uma pessoa que se revela na figura do irmão, sobretudo, nos mais necessitados. A prática do amor nos revela a essência de Deus, pois Ele mesmo afirmou: "*Em verdade eu vos declaro: todas as vezes que fizestes isso a um destes meus irmãos mais pequeninos, foi a mim mesmo que fizestes.*" (Mt 25, 40).

Queremos, até porque é mais fácil e cômodo, amar somente a quem nos convêm amar. Normalmente aqueles que fazem parte do nosso particular, da nossa classe social, dos nossos padrões religiosos, estéticos e raciais, dos que podem nos retribuir as formalidades e favores oferecidos por nós, aqueles que pertencem a nossa "turminha", aos nossos grupinhos fechados, das "nossas panelinhas" e que concordam sempre conosco e fazem tudo como queremos e por isso "merecem" o nosso amor. Lembremos o que o Senhor nos ensinou sobre isso: *"Se amais somente os que vos amam, que recompensa tereis? Não fazem assim os próprios publicanos? Se saudais apenas vossos irmãos, que fazeis de extraordinário? Não fazem isto também os pagãos? Portanto, sede perfeitos, assim como vosso Pai Celeste é perfeito."* (Mt 5, 46-48).

Percebamos em que contexto bíblico Jesus nos manda sermos perfeito como o Pai Celeste. Exatamente no ato de amar. Deus que é amor e perfeito na ação de amar, nos ensina a sermos perfeito no amor. O amor é o caminho para alcançarmos a perfeição cristã. O extraordinário da vivência da nossa religião cristã, não consiste em contabilizarmos um saldo alto de obras que realizamos ou o cumprimento cego de inúmeras regras e normas dentro de um regime de disciplina severa. Nem assumirmos uma espiritualidade demasiadamente rigorosa. O extraordinário de nossa vida e o que nos conduz à perfeição cristã é simplesmente a capacidade de amar. Nada mais! Isto é ensinado pelo grande São Paulo Apóstolo no seu hino ao amor:

> *Ainda que eu falasse as línguas dos homens e dos anjos, se não tiver caridade, sou como o bronze que soa, ou como o címbalo que retine. Mesmo que eu tivesse o dom da profecia, e conhecesse todos os mistérios e toda a ciência; mesmo que tivesse toda a fé, a ponto de transportar montanhas, se não tiver caridade, não sou nada. Ainda que distribuísse todos os meus bens em sustento dos pobres, e ainda que entregasse o meu corpo para ser queimado, se não tiver caridade, de nada valeria!* (I Cor 13, 1-3).

São Paulo ao nos dirigir essas palavras diz que nos iria mostrar um caminho incomparavelmente maior (*cf. I Cor 12, 31b*). Esse caminho não é outro senão o amor. Acredito que o que mais fere o coração de Jesus é o nosso desamor a Ele e aos nossos irmãos. Por vezes, até conseguimos ser bons no cumprimento de obrigações religiosas. Torna-se fácil perceber e encontrar Jesus aonde eu quero. Mas encontrar o Senhor em ambientes e em pessoas que ignoramos e repudiamos isso só para quem é capaz de amar de verdade.

Muitas vezes pecamos quando não conseguimos praticar o perdão, a misericórdia, a empatia, a compaixão, a alteridade, o altruísmo. E isso nos destrói como discípulos de Jesus, como comunidade cristã. A palavra de Deus nos exorta: *"A ninguém fiqueis devendo coisa alguma, a não ser o amor recíproco; porque aquele que ama seu próximo cumpriu toda lei. A caridade é o pleno cumprimento da lei"* (Rm 13, 8.10).

São fortes e firmes as palavras de correção de São Paulo aos Gálatas: *"Porque toda a lei se encerra num só preceito: Amarás o teu próximo como a ti mesmo (Lv 19, 18). Mas, se vos mordeis e vos devorais, vede que não acabeis por vos destruirdes uns aos outros."* (Gl 5, 14-15). Será que também nós não estamos por vezes, 'nos mordendo' e 'nos devorando' com os nossos fechamentos egoístas, indiferenças e partidarismos religiosos? É triste e vergonhoso, por exemplo, ver nas redes sociais pessoas que se dizem cristãs alimentando discursos agressivos como é o caso dos *haters*, termo que do inglês pode ser traduzido por *odiadores*. Se desrespeitando em colocações visivelmente carregadas de raiva, mágoa, ressentimento e ódio por causa de algum ponto de vista diferente a respeito de algum assunto ou acontecimento.

O próprio Papa Francisco tem sido alvo desse tipo de discurso e colocações por parte de alguns grupos que se nomeiam cristãos católicos, mas que não reconhecem sua autoridade e reprovam os seus gestos e agem contra ele com violência nas palavras, crueldade em suas interpretações, rigidez nas ações e evidente falta de caridade.

Quando a palavra de Deus nos diz que: *"Desde a época de João Batista até o presente, o Reino dos Céus é arrebatado à força e são os violentos que o conquistam." (Mt 11, 12)*. Certamente não se trata de ser violento no sentido de ser ofensivo, brutal, desumano, feroz. Porque isso iria contra a essência da mensagem do Evangelho. Entendo que a violência necessária que devemos possuir para conquistar o Reino dos Céus é na prática do amor. Sim, Jesus foi extremamente violento em sua decisão de amar os pecadores e se entregar ao plano salvífico do Pai. Isso lhe custou a vida.

Os santos e santas foram violentos em suas decisões de alcançar a santidade. Santa Madre Teresa de

Calcutá passou grande parte da sua vida numa escuridão interior, numa constante aridez espiritual. Não sentia Deus e, mesmo assim, não se tornou fria em seu modo de amar. Amou "violentamente" com todas as forças de seu coração ao seu Senhor no Altar e nos pobres. Ela dizia: "O amor, para ser verdadeiro, tem que doer". E ela viveu isso intensamente em seu interior, amando e ensinando a amar na mais tensa escuridão da alma.

Como nos ensina a doutora da Igreja Santa Teresa d'Ávila, com uma "determinada decisão" estes homens e mulheres se entregaram e se esforçaram profundamente para vivenciar o amor a Deus e ao próximo. Entenderam muito bem as palavras de Jesus: *"Procurai entrar pela porta estreita; porque, digo-vos, muitos procurarão entrar e não o conseguirão." (Lc 13, 24)*. Para vencer suas imperfeições e conquista a santidade é necessário esforço, dedicação, empenho no ato de amar. Embora seja árduo seguir pelo caminho estreito da fé e abraçar a nossa cruz diária e seguir fielmente a Jesus Cristo, Nosso Senhor. Mas esse é o caminho. Amar verdadeiramente supõe sacrifício.

Se olharmos para a vida de São Padre Pio de Pietrelcina, Frade Capuchinho, o primeiro sacerdote estigmatizado da Igreja, veremos um homem firme e violento na prática do amor. Mesmo sendo assaltado constantemente pelo próprio Demônio desde pequeno até sua velhice. Humilhado, perseguido, ridicularizado e penalizado por membros da própria Igreja, sendo proibido de presidir a Missa em público e atender confissões. Mesmo assim ele permaneceu amando a Jesus, as suas ovelhas e a Igreja até a sua morte. Um perfeito sacerdote porque amou até o fim, como o Cristo na cruz.

Os santos e santas não são meros dispensadores de graças ou bons exemplos de vida. Suas vidas são evidências concretas de que amar verdadeiramente é possível. Eles traduziram em todos os detalhes de suas histórias a beleza e profundidade de uma vida bem-aventurada. De uma vida feliz. O heroísmo de suas virtudes tinha sempre como fundamento a virtude maior: o Amor.

O Pai que nos envia o seu Filho para manifestar, por obras e palavras, o seu inigualável amor é o mais perfeito exemplo de como devemos amar. O verdadeiro amor sempre traz salvação. Um amor puro, desinteressado, comprometido, autêntico é o que todos nós precisamos para curar as nossas almas e preencher todos os nossos vazios existenciais. É o alento, o conforto, o consolo, o descanso, o alívio, o abraço mais genuíno que carecemos. O amor de Deus por nós é indescritível e plenamente incompreensível, mas que bom que mesmo sem conseguir defini-lo ou compreendê-lo absolutamente, sabemos e sentimos que ele é real, é tangível em Cristo Jesus nosso Senhor.

Nunca me esqueço de uma linda pregação do Cardeal Frei Raniero Cantalamessa na Casa Pontifícia para o Papa Emérito Bento XVI e cardeais. Na ocasião ele discorria sobre a Encíclica *Deus caritas est* dizendo:

> *A mensagem que resume toda Bíblia é retomada: Deus é amor. Eu gosto de citar um exemplo que li em algum lugar: se, devido a algum cataclismo ou fúria iconoclasta, todas as bíblias do mundo fossem destruídas e apenas uma cópia permanecesse, mesmo que danificada com prejuízos à leitura, de modo que apenas uma página ainda estivesse inteira e, até mesmo essa, tão prejudicada que a única linha que se pudesse ler fosse a linha da Primeira Carta de João onde está escrito: "Deus é amor" (I Jo 4, 8), toda a Bíblia seria salva, porque toda a sua mensagem está ali inscrita. Deus é amor; todas as páginas da Bíblia nos falam isso.* [41]

Uma grande certeza sobre a Essência de Deus que podemos afirmar sem medo de errar ou cometendo algum tipo de heresia é dizer que DEUS É AMOR. São João afirma em sua carta: *"Deus é amor." (I Jo 4, 8)*. Deus não apenas 'tem' amor, mas a sagrada escritura afirma literalmente que ele 'é' amor. Mesmo que a palavra Amor esteja tão banalizada e desgastada nos nossos dias. É possível entender que esse Amor é concreto, um só Deus em três pessoas divinas, um amor que Cria, um amor que Salva e um amor que Santifica.

---

41 CANTALAMESSA, Raniero. *Amai-vos até o fim*. pp. 33-34.

É bem verdade que a palavra amor está atualmente banalizada. Confundimos amor com muitas coisas que não são, de fato, amor. Nós cristãos sabemos que o Amor não é um sentimento ou uma mera palavra bonita. Amor é uma pessoa. O amor tem um nome, um rosto, o amor é Jesus de Nazaré o nosso Redentor e Salvador. E por Ele devemos aprender, praticar e ensinar sempre a arte de amar, mesmo que isso nos custe o nosso suor, lágrima ou sangue.

A prática do amor não salva somente o outro da indigência, do medo, da cultura da indiferença, do proselitismo, de tudo aquilo que causa separação e morte. Não! A prática do amor é pressuposto para a nossa própria salvação. Não que devamos amar por querer recompensa, pois viver de amor já é razão de paz, alegria e felicidade. É o sentido de toda nossa vida. Quando mais eu sou capaz de amar, mais eu construo o minha salvação no "já" e no "ainda não" da vida cristã. O autêntico amar nos eterniza.

Quero terminar este capítulo contando uma lindíssima parábola que li no livro *Gambiarras de Luz* do meu confrade capuchinho, o Arcebispo de Boston, o Cardeal Seán O'Malley. Ele mesmo nos diz:

> Os japoneses têm uma parábola maravilhosa sobre um homem que vivia numa linda casa no alto de um promontório em frente ao mar. Todos os dias ele passeava no seu jardim admirando o oceano lá embaixo. Certa manhã, ao fazer o seu passeio habitual, viu aproximar-se da costa um enorme

tsunami e reparou que havia um grupo de vizinhos seus a fazer um piquenique na praia. Tentou desesperadamente avisá-los, acenando, gritando, mas eles não o viam nem ouviam. Então sabem o que ele fez? Deitou fogo à sua linda casa. Aí os vizinhos viram o fumo e as chamas. Uns disseram: "vamos subir à montanha para ajudar o nosso vizinho a apagar o fogo e salvar a sua casa"; outros objetaram: "essa montanha é muito íngreme e nós estamos a divertir-nos tanto, vão vocês". Pois bem, aqueles que subiram a montanha para ajudar o vizinho a salvar a sua casa foram eles mesmos salvos. Com efeito, quando o maremoto atingiu a praia, os que estavam a se divertir foram engolidos pelo mar e morreram. [42]

Cabe uma pergunta intrigante: e nós, o que faríamos? Ficaríamos nas "praias" do nosso egoísmo, comodismo e indiferença ou, no anseio de praticar o que o nosso Mestre Jesus nos ensinou, seríamos capazes de subir a íngreme montanha para transformar o amor em gestos? Precisamos decidir. Mesmo que seja o mais exigente, escolhamos sempre o caminho do amor, pois ele é chave de salvação.

---

42 O'MALLEY, Seán. *Gambiarras de luz*. Paulinas: 2019. p. 186.

Capítulo 7

Sofrimento

"Se alguém quer me seguir, renuncie a si mesmo, tome sua cruz e siga-me. Porque aquele que quiser salvar a sua vida, perdê-la-á, mas o que perder a sua vida por amor de mim e do evangelho, salvá-la-á."
(Mc 8, 34-35)

Discipulado e o Sofrimento

Toda a vida do Filho de Deus sobre a terra foi marcada pelo sofrimento. Mesmo antes de nascer, no ventre de Maria, ele sofreu a indiferença e a privação daquilo que era digno para nascer confortavelmente. Ainda recém-nascido foi perseguido, desejavam sua morte, por isso teve de ser levado para o Egito. Ao voltar para Nazaré, levou uma vida pobre e humilde.

Jesus nasceu em uma sociedade marcada pela opressão política e Religiosa. Ele cresceu participando desses sofrimentos. O povo alimentava uma forte esperança de que o Messias viria libertá-los das amarras que os massacravam.

Ao iniciar sua vida pública anunciando o Reino e apresentando o rosto misericordioso do Pai, escolheu homens simples como discípulos, abraçou os mais pobres, humildes e marginalizados. E, à medida que ia se tornando conhecido, foi ferozmente perseguido pelas autoridades civis e religiosas, o que culminou com sua morte.

O Mestre Jesus fez escola com seus discípulos, mostrando-os como serem verdadeiros discípulos para posteriormente serem bons missionários. Mas quais os critérios necessários para quem quer tornar-se um verdadeiro seguidor de Jesus?

Podemos seguir a Jesus por vários motivos. Seguir para obter cura física, bens materiais, sucesso e realizações meramente humanas. Para outros, seguir Jesus é um passatempo "não tenho o que fazer em casa, então vou a Igreja rezar!". Há também quem busque Jesus, pelo grande medo de ir para o inferno. E nós, por que seguimos a Jesus? Será que estou disposto a abraçar os principais critérios que me faz um verdadeiro discípulo?

Jesus disse a seus discípulos: *"Se alguém me quer seguir, renuncie-se a si mesmo, tome sua cruz e siga-me. Porque o que quiser salvar a sua vida, perdê-la-á; mas o que perder a sua vida por amor de mim e do Evangelho, salvá-la-á..." (Mc 8, 34-35)*. Esta é a lógica da Boa-Nova e os critérios para seguir o Mestre fielmente.

Três critérios básicos Jesus expõe para quem quiser segui-lo. Vejamos bem, "quem quiser", Jesus não obriga ninguém a segui-lo é um ato voluntário e mais do que isso, trata-se de uma proposta, cabendo seu destinatário acolhê-lo ou não. 1) Renunciar a si mesmo: Ser capaz de entregar seus desejos e vontade a Deus e buscar viver o querer de Deus. 2) Tomar a Cruz: a Cruz simboliza todo sofrimento que iremos passar para poder ser fiel a Deus. 3) Seguir a Jesus: Estar disposto a entrar em um processo de crescimento e amadurecimento cotidiano junto ao Mestre Jesus.

Certamente nenhum destes critérios é fácil de viver, ao contrário, exigem muitos sacrifícios. E ressalto que, para ser um verdadeiro cristão, todas estas exigências devem ser vivenciadas conjuntamente.

Percebo que um dos grandes problemas do nosso catolicismo atual é que queremos um catolicismo *light*, leve, que no qual eu não precise me esforçar sacrificar-me, sofrer por Deus. Parece que, aos poucos, fomos mergulhando na impiedade e perdendo a dimensão mística e ascética do sacrifício cristão.

Queremos apenas seguir Jesus, dizer-se formalmente cristão. São poucos que estão realmente dispostos a abraçar sua cruz cotidiana. Uma exigência obrigatória no seguimento a Jesus é a capacidade de se sacrificar pelo Reino de Deus e por seu Mestre. Os sofrimentos permitidos por Deus em nossas vidas podem possuir também um caráter redentor.

Para realizar o projeto de salvação da humanidade, Jesus declara aos discípulos que deveria ir a Jerusalém (centro de todo poder político, econômico e religioso da época) para ser entregue às autoridades, morrer e depois ressuscitar (*cf. Lc 18, 31-34*). Mas essas palavras de Jesus não agradaram aos discípulos, pois como poderiam conceber que o seu Mestre se humilhasse tanto assim. Visto que todos alimentavam a ideia de um Messias guerreiro e libertador que iria lutar e vencer os poderes opressores com suas próprias forças. Mas o messianismo de Jesus era outro.

Diante do anúncio de Jesus, Pedro intervém e quer livrá-lo de tal perigo, mas, se comportando assim, age como "Satanás" um Inimigo de Deus (*Mc 8, 31-33*). Tudo aquilo que impede que o projeto de Deus se realize no mundo é satânico. Quando visamos muito mais os nossos projetos pessoais, nossas vontades próprias, buscando assim "salvar nossas vidas", Jesus disse que sairemos perdendo-a. Contudo, se formos capazes de entregar sem reserva nossas vidas a Deus, iremos encontrá-la, pois estaremos garantindo-a para a verdadeira vida que é a eterna bem-aventurança, o Céu.

Não estou fazendo apologia ao sofrimento, é obvio que naturalmente fugimos do sofrimento e da dor. Até mesmo Jesus temeu a morte, mas, nem por isso, deixou de entregar ao suplicio da cruz num sofrimento redentor. Na vida, queira ou não, teremos sofrimentos, o que não podemos evitar, porém, poderemos escolher sim, sofrer por Deus, fazendo com que nosso sofrimento seja também redentor. A grande Mística Santa Gemma Galgani dizia: *"Se você quiser aprender a amar, aprenda a sofrer, porque o sofrimento ensina o Amar"*.

Costumo dizer que chegar ao Céu não é fácil, mas não é impossível. Podemos observar ao longo de toda história da Igreja, quantos homens e mulheres se tornaram santos e santas porque doaram suas vidas inteiramente a Deus na vivência radical do Evangelho, muitos até derramaram seu sangue para testemunhar Jesus Cristo.

Gostaria de destacar aqui São Pe. Pio de Pietrelcina (1887-1968), sacerdote capuchinho que, durante cinquenta anos, trouxe em seu corpo os estigmas de Cristo. Sofreu durante toda sua vida dores no corpo e na alma. Sofria grandes ataques do próprio Demônio, que o batia fortemente. Foi também perseguido e humilhado pelas próprias autoridades religiosas de sua época que o acusavam de impostor, lunático, autolacerador, charlatão etc. Foi proibido de confessar e celebrar a santa Missa em público durantes anos.

As suas chagas doíam quase que constantemente. Diante de tudo isso que sofreu, ele permaneceu pacientemente fiel, obediente, humildade e amoroso para com os seus perseguidores por amor a Deus. Ele dizia sobre o sofrimento: *"Junto da Cruz se aprende a amar"*.

São Pe. Pio de Pietrelcina, assumiu o sofrimento não como fim, mas como meio para sua santificação. Deus permitiu que ele fosse provado no sofrimento para que ele crescesse no amor. Quando falou sobre como o Agricultor (o Pai) trata os ramos da videira viva que é Ele mesmo, afirmou: *"Ele podará todo aquele que der fruto, para que produza mais fruto."* (Jo 15, 2).

Como é difícil aceitar estas podas. Mas sendo feitas, esse amor, agora comprovado serviu para salvar não só sua alma, mas colaborasse para salvar tantas outras almas. Foi o que aconteceu e acontece até hoje. Ele que participou plenamente da paixão de Cristo, goza da gloriosa alegria eterna e é para todos nós um exemplo de quem se sacrificou plenamente por amor a Cristo e para redenção das almas.

Devemos aprender sim a Remir com Cristo. São Paulo escreveu aos colossenses: *"Agora me alegro nos sofrimentos suportados por vós. O que falta às tribulações de Cristo, completo na minha carne, por seu corpo que é a Igreja."* (Col 1, 24). Quem sofre em união com Cristo não somente recebe consolação, mas também "completa" com seu sofrer o que falta ao padecimento do Senhor. Aquilo que São João Paulo II chamava de "caráter criativo da dor" :

> *O sofrimento de Cristo criou o bem da Redenção do mundo. Este bem é em si mesmo inexaurível e infinito. Ninguém lhe pode acrescentar coisa alguma. Ao mesmo tempo, porém, Cristo, no mistério da Igreja, que é o seu corpo, em certo sentido abriu o próprio sofrimento redentor a todo o sofrimento humano. Na medida em que o homem se torna participante dos sofrimentos de Cristo - em qualquer parte do mundo e em qualquer momento da história - tanto mais*

ele completa, a seu modo aquele sofrimento, mediante o qual Cristo operou a Redenção do mundo.[43]

São Paulo compara a Igreja a um corpo do qual, Cristo é a cabeça. Portanto, como parte do corpo místico de Cristo, com nossos sofrimentos, nós participamos também da redenção conquistada por Jesus no alto da Cruz. Afirmou o apóstolo dos gentios: *"Se um membro sofre, todos os membros padecem com ele; e se um membro é tratado com carinho, todos os outros se congratulam por ele"* (I Cor 12, 26). Como cristãos nós temos responsabilidade sobre a salvação ou a perdição dos nossos irmãos e irmãs.

Há um filme extraordinário chamado *Homens e Deuses* que conta uma história verídica ocorrida em 1996 no meio de uma guerra civil na Argélia. Os monges trapistas franceses moravam em Tibhirine num mosteiro humilde em comunidade da periferia local. Apesar de a população não ser católica, eles viviam em harmonia com os habitantes do lugar ajudando-os como podiam. Um grupo extremista jihadista mulçumano mataram operários croatas e intimidaram o povo. Queriam acabar com todos os estrangeiros, sobretudo os que não professassem a mesma fé. Começa então o dilema dos monges: ir embora ou não! Deveriam proteger suas vidas ou ficar junto do povo

---

[43] SÃO JOÃO PAULO II. Carta Apostólica *O Sofrimento Cristão do Sofrimento Humano*, Salvifici Doloris. nº 104, Paulinas, pp. 47-48.

sofrido e morrer, cumprindo o mandamento do amor de dar a vida pelo Reino. Decidiram ficar e sete deles, no dia 21 de maio de 1996, foram martirizados. No dia 8 de dezembro de 2018, os mesmos foram declarados pela Igreja beatos.

Capítulo 8

Violentos

"O Reino dos céus é arrebatado a força, e são os violentos que o conquistam."
(Mt 11, 12)

A Violência do Espírito Santo

Certa vez, ouvi uma palestra de um frade, o tema nem era esse, mas uma frase me tocou profundamente, ele falava sobre *"a violência do Espírito Santo na vida dos santos"*. Dos vários livros que já li sobre o Espírito Santo, dos cursos de Pneumatologia que ministrei, me lembro de nunca ter escutado falar disso especificamente. No momento eu fiquei impactado e de repente começou um fervilhar de pensamentos, vários movimentos interiores e, naquele momento, mesmo sem entender totalmente eu comecei a pedir essa violenta ação do Santo Espírito em minha vida e minha caminhada de fé.

"Pois todos os que quiserem viver piedosamente, em Jesus Cristo, terão de sofrer a perseguição..." (II Tm 3, 12). É comprovada a certeza de que as provações, privações e tentações irão tocar aqueles que se tornam fiéis discípulos de Mestre Jesus. E é Ele mesmo trata de nos advertir sobre as perseguições que virão.

> Mas, antes de tudo isso, vos lançarão as mãos e vos perseguirão, entregando-vos às sinagogas e aos cárceres, levando-vos à presença dos reis e dos governadores, por causa de mim. Sereis entregues até por vossos pais, vossos irmãos, vossos parentes e vossos amigos, e matarão muitos de vós. Sereis odiados por todos por causa do meu nome. É pela vossa constância que alcançareis a vossa salvação... (Lc 21, 12.16-17.19).

Podemos nos perguntar, mas como responder a essa forma mundana de violência? Devemos ser violentos na prática do amor, do bem, da verdade, do respeito, da misericórdia. Esse tipo de violência contemplamos na vida dos santos Mártires.

O próprio Jesus, em seu anúncio da Boa-Nova nos responde: *"O reino dos céus é arrebatado à força e são os violentos que o conquistam." (cf. Mt 11, 12)*. É obvio que não podemos pensar que o evangelista usa a palavra *"violento"* no sentido negativo que conhecemos, tão evidente e comum nos noticiários policiais. Embora, alguns pensassem que Jesus pudesse ser um Messias revolucionário que usaria da violência e da força para libertar o seu povo, Ele não era esse idealizado Messias violento.

Quando Jesus foi preso no Getsêmani e Pedro puxou a espada e feriu o servo do sumo sacerdote, ele exorta-o: *"Enfia a tua espada na bainha!" (Jo 18, 11)*. Jamais iria estabelecer a paz à custa de violência. Mesmo no Templo, quando expulsou os vendilhões com um chicote, não o fez por uma questão política, como um extremista revoltado, mas o fez muito consciente e por zelo espiritual: *"Tirai isso daqui e não façais da casa de meu pai uma casa de negociantes". (Jo 2, 16)*.

A violência que fala o evangelista é da força e do forte movimento que o anúncio da Palavra de Deus gera no coração daqueles que abraçam o projeto de Jesus. Essa adesão transforma a vida de tal forma que acontece uma mudança radical interior da pessoa e não há mais espaço para uma mornidão espiritual, para uma vida neutra, acontece aqui aquilo que a grande Doutora da Igreja Santa Teresa d'Ávila chamava de *"determinada determinação"*. Esse assumir com a vida o projeto do Pai e se empenhar totalmente, com todas as forças, para conquistar o Céu.

Se olharmos para os Atos dos Apóstolos, veremos a promessa de Jesus aos seus discípulos antes da ascensão: *"Mas descerá sobre vós o Espírito Santo e vos dará força; e sereis minhas testemunhas em Jerusalém, em toda Judeia e Samaria e até os confins do mundo." (At 1, 8)*. É o Espírito Santo que impulsiona, anima, motiva, oferece força e coragem para que os discípulos pudessem dar testemunho do Mestre Ressuscitado em qualquer circunstância.

Jovens "violentos" no amor a Deus

São João evangelista, o discípulo amado, jovem que se tornou um amigo estando com Jesus no Monte Tabor, no Getsêmani, podendo na última ceia encostar a cabeça em seu peito e foi aquele que esteve ao pé da Cruz na hora da crucificação do Mestre. Esse discípulo escreve aos jovens dizendo: *"Jovens, eu vos escrevi, porque sois fortes e a Palavra de Deus permanece em vós, e venceste o Maligno."* (cf. I Jo 2, 14).

O testemunho dos jovens cristãos que assumiram com fidelidade sua vida cristã sempre me atraiu muito. Podemos lembrar São Tarcísio, Santa Joana d'Arc, São Domingos Sávio, Santa Maria Goretti, Santa Bernadete, Beata Chiara Luce, Santa Terezinha do Menino Jesus, Pier Giorgio Frassati, Beata Laura Vicuña e todos outros. Suas vidas inspiram um sincero desejo de obter uma maturidade espiritual, um amor extremo e concreto por Jesus a ponto de viver por Ele, n'Ele e para Ele unicamente. Enquanto há muitas pessoas que dizem que os jovens não querem saber de Deus, não querem saber de nada com a vida, a Igreja nos apresenta uma jardim florido de tantas vidas que exalam o perfume da santidade.

Das muitas flores desse Jardim, quero destacar os testemunhos de dois grandes jovens com os quais tive uma experiência bonita na vivência em minha caminhada de fé, na vivência de minha espiritualidade. O primeiro é São José Luis Sánchez del Río e o segundo é o Beato Carlo Acutis.

No dia 16 de outubro de 2016, o Papa Francisco canonizou um garoto chamado São José Luis Sánchez del Río, o padroeiro dos adolescentes mexicanos, que morreu mártir aos 14 anos, quando deu a vida por sua fé na guerra dos *Cristeros* de 1926 a 1929; Essa Guerra conhecida como dos *Cristeros* foi motivada pela legislação anticlerical que foi aprovada pelo presidente mexicano Elías Calles em 1926. Essas leis trouxeram enormes prejuízos a Igreja local, por exemplo: além de proibir a administração dos sacramentos em público, privaram a Igreja de direitos de propriedade, as ordens religiosas foram banidas e negaram a liberdade civil aos padres, incluindo os direitos de julgamento por júri e o de voto.

 A perseguição tornou-se extremamente violenta, severa que alguns católicos começaram a resistir forçadamente. Foram muitos os cristãos que deram a vida em nome da fé nessa santa resistência. Mas o testemunho deste jovem Luis Sánchez é comovente e inspirador, pela forma que ele foi torturado e morto para que renunciasse a sua fé foi profundamente desumana e cruente. Despois que foi aprisionado, teve as solas dos pés cortados, foi obrigado a caminhar com os pés em carne viva até a sua cova, onde lhe esperavam os seus pais. E, mesmo com todo esse sofrimento, ele não voltou atrás e suas últimas palavras antes de ser fuzilado foram: *"Nos vemos no Céu. Viva Cristo Rei! Viva sua mãe, a Virgem de Guadalupe!"*. José tinha só 13 anos quando entregou a sua vida em nome daquilo que acreditava: sua fé em Deus. Isso foi em 10 de fevereiro de 1928. Confesso que a vida e o testemunho desse jovem santo sempre mexeram muito comigo, pois me questiono se diante de uma perseguição dessas, se realmente teríamos esta fé tão heroica?

Carlo Acutis nasceu em Londres, no dia 3 de maio de 1991. Seus pais André e Antônia, logo buscaram batizá-lo. Por motivos de trabalho, em setembro de 1991, a família teve que mudar para Milão. Carlo cresceu num contexto familiar sereno, confortável e cristão. Estudou no colégio das Irmãs Marcelinas e depois no Liceu clássico "Leão XIII" dos Jesuítas. Durante o ginásio causou admiração nas pessoas a sua grande inteligência e a capacidade de compreender os segredos da informática. Tinha habilidade de conhecer programas de computadores, criar *sites*, montar filmes, fazer diagramação e redação de jornaizinhos. Carlo posteriormente criou um site dedicado a divulgar os milagres eucarísticos e a vida dos santos.

Ele era um jovem alegre que cativava a todos. Gostava de jogos eletrônicos, brincar com os seus animais, empinar pipas, desenhos animados. Um jovem como dizem os jovens "antenado". Mas seus gostos, também vão além destes normais de um garoto da sua idade. Carlo gostava de ajudar os mais pobres, fazia parte da Obra de São Francisco dos Freis Capuchinhos que acolhia os mais necessitados e lhe distribua alimento, roupas e remédios. Também nutria um profundo amor pela Igreja, a Santa Missa (desde os doze anos, já participava da missa diariamente) e a adoração eucarística e pela Virgem Maria de Fátima (rezava o rosário diariamente).

Em outubro de 2006, Carlo fica doente e descobriu-se que se tratava de uma leucemia fulminante do tipo "m3". Mesmo com um grande tratamento, no dia 12 de outubro de 2006, às 6h45 seu coração parou de bater. O que de bonito e santo que aconteceu antes da morte desse grande jovem, foi a sua postura diante do mistério do sofrimento. O jesuíta Francesco Occhetta que escreveu uma biografia chamada *Carlo Acutis: A vida além dos limites*, nos relata:

> Diz a sua mãe no hospital: "Daqui não sairei mais". As palavras que "entrega" como herança a seus pais deixam-nos surpreendidos e comovidos. "Ofereço todos os sofrimentos que deverei padecer ao Senhor pelo Papa e pela Igreja, para não passar pelo purgatório, mas ir direto para o Céu". Pede para receber o sacramento da Unção dos enfermos e quer que estejam perto a mãe e a avó, que passam aqueles últimos dias no hospital São Gerardo de Monza. [44]

O corpo de Carlo Acutis foi sepultado em Assis, cidade de São Francisco, por sua grande e especial devoção ao santo. Em 5 de julho de 2018, o Papa Francisco o declarou Venerável. Em 7 de abril de 2019, foi a Missa de conclusão do translado dos seus restos mortais, foram levados para o Santuário do Despojamento em Assis. No dia 10 de Outubro de 2020, ele foi beatificado na Basílica de São Francisco na mesma cidade.

---

[44] OCCHETTA, Francesco. *Acutis: A vida além dos limites*. Trad.: Adriana Zuchetto. São Paulo: Paulinas, 2018. pp. 33-34.

Em sua Exortação Apostólica *Christus Vivit*, para os jovens, Francisco apresenta Carlo Acutis como modelo de uma vida virtuosa para todos os jovens:

> *É verdade que o mundo digital pode expor-te ao risco de te fechares em ti mesmo, de isolamento ou do prazer vazio. Mas não esqueças a existência de jovens que, também nestas áreas, são criativos e às vezes geniais. É o caso do jovem Venerável Carlos Acutis. Ele sabia muito bem que estes mecanismos da comunicação, da publicidade e das redes sociais podem ser utilizados para nos tornar sujeitos adormecidos, dependentes do consumo e das novidades que podemos comprar, obcecados pelo tempo livre, fechados na negatividade. Mas ele soube usar as novas técnicas de comunicação para transmitir o Evangelho, para comunicar valores e beleza. Não caiu na armadilha. Via que muitos jovens, embora parecendo diferentes, na verdade acabam por ser iguais aos outros, correndo atrás do que os poderosos lhes impõem através dos mecanismos de consumo e aturdimento. Assim, não deixam brotar os dons que o Senhor lhes deu, não colocam à disposição deste mundo as capacidades tão pessoais e únicas que Deus semeou em cada um. Na verdade, «todos nascem – dizia Carlos – como originais, mas muitos morrem como fotocópias». Não deixes que isto te aconteça!*[45]

Estes são alguns dos grandes testemunhos cristãos de nosso tempo. Homens que entregaram suas vidas por amor a Deus. Isso deve servir de reflexão para nós, o que sou capaz de fazer pelo reino de Deus? Por que e como estou seguindo a Jesus? Como estou levando minha cruz de cada dia?

---

45 FRANCISCO. *Christus Vivit*. (N. 104-106).

Os Calvários da Vida Cristã

"Conduziram Jesus ao lugar chamado Gólgota, que quer dizer lugar do crânio." (Mc 15, 22). Depois do longo e doloroso percurso da *via crucis*, Jesus chega ao alto do Calvário, o lugar da sua crucificação. Esse território é marcado por uma atmosfera pesada de dor, suplício e extremo sofrimento. Um ambiente de humilhação, repúdio, acusações, condenações e morte. Certamente este é um daqueles espaços que nem mesmo gostamos de passar por perto, desviamos o olhar, mas que alguma vez na vida é inevitável não ir lá. Como por exemplo, ao visitar alguém que luta contra uma grave enfermidade, ir a um hospital, um velório, um cemitério. Queiramos ou não, alguma vez na vida provaremos do Calvário, seja nosso ou de alguém que amamos.

O Calvário de Cristo, na espiritualidade cristã representa para nós cristãos, não somente um lugar físico, mas também experiências e momentos de privações, provações, dores e sofrimentos nos quais temos a oportunidade de unir nossos sentimentos aos sofrimentos do nosso Mestre como afirma São Paulo: *"Tende em vós os mesmos sentimentos de Jesus Cristo." (Fl 2, 5)*.

Dentro de uma cultura que supervaloriza o hedonismo como um estilo de vida, no qual se busca prazer em tudo, falar de cruz, calvário, sacrifício, parece até loucura, alienação, dolorismo, pieguismo. Mas a ideia não é essa. Como cristãos não fazemos apologia ao sofrimento ou queiramos viver de Calvários e cruzes, porém o próprio Jesus disse: *"O servo não é maior que o Senhor"* (cf. Jo 15, 20), seguimos os seus passos, Ele nos colocou condições necessárias para segui-lo. Lembra? Jesus disse: *"Se alguém quiser vir comigo, renuncie-se a si mesmo, tome a sua cruz e siga-me."* (Mt 16, 24). Quem se dispõe a seguir Jesus, abraça a Cruz e deve caminhar com ela, e caminhar para onde? Para "os calvários" da vida de fé.

Mesmo Jesus tendo anunciado que iria a Jerusalém sofrer, morrer e ressuscitar, os seus discípulos não o entenderam e não queriam que isso acontecesse. Pedro foi enfático afirmando: *"Que Deus não permita isto, Senhor! Isto não te acontecerá!"* (Mt 16, 22). A lógica de Pedro e dos demais discípulos fosse que Jesus iria, como Messias triunfal e guerreiro, libertar o povo da opressão pela força do braço, da espada e jamais pela humilhação e morte.

Creio que muitas vezes, como Pedro, queremos a libertação dos nossos pecados, de nossas angústias e sofrimentos, desejamos maturidade humana e espiritual, mas sem passar pelos Calvários da vida de fé.

Preferimos o prazer, o esplendor e a glória do Monte Tabor. Como Pedro, em nossas zonas de conforto espiritual, dizemos: *"Senhor, é bom estarmos aqui." (cf. Mt 17, 4)*. Assim, renovamos constantemente a vontade de uma religião *light,* uma espiritualidade *açucarada* sem esforço, sacrifício, sem calvário, sem cruz. O que é pior é que essa mentalidade é fortalecida pelo discurso de muitos pregadores em muitos contextos religiosos. Apresentam um Jesus empreendedor, fiador, curandeiro, mágico, que deve me fazer vencer e prosperar sempre, sem jamais me permitir provar a dor e o fracasso.

Esses discursos religiosos que propõem um seguimento a Jesus, motivado pelo anseio de poder, prestígio, sucesso, prédio, méritos, glória apenas para esta vida, contradizem a própria lógica do nosso Mestre quando disse aos seus discípulos: *"pois quem quiser salvar a sua vida vai perdê-la; e quem perder a sua vida por causa de mim, esse a salvará. Com efeito, de que adianta a um homem ganhar o mundo inteiro se se perde e se destrói a si mesmo?" (Lc 9, 24-25)*.

Nosso Senhor Jesus Cristo nunca prometeu uma vida cristã aqui na terra leve e tranquila, como a *Ataraxia* dos gregos, uma total estado de impertubalidade da alma. Ao contrário, nos primeiros séculos do cristianismo, aceitar o batismo era sinônimo de correr o risco de vida. Pois, muitos foram os cristãos perseguidos pelo império romano e brutalmente martirizados. Uma realidade que se repete também em nossos dias em alguns países de forma explicita e outros lugares de forma implícita.

Se fizermos uma trajetória na história da Igreja, analisando criteriosamente a vida de tantos homens e mulheres que honraram o seu batismo e viveram verdadeiramente de forma cristã, conhecidos ou não, canonizados ou não, veremos que suas vidas foram uma tradução viva do Evangelho, e eles foram "Bem-aventurados" e "felizes", não segundo a lógica do mundana do ter, ser e poder; mas segundo a lógica de Jesus quando proclama o Sermão da Montanha:

> *Então, abriu a boca e lhes ensinava, dizendo: "Bem-aventurados os que têm um coração de pobre, porque deles é o Reino dos Céus! Bem-aventurados os que choram, porque serão consolados! Bem-aventurados os mansos, porque possuirão a terra! Bem-aventurados os que têm fome e sede de justiça, porque serão saciados! Bem-aventurados os misericordiosos, porque alcançarão misericórdia! Bem-aventurados os puros de coração, porque verão Deus! Bem-aventurados os pacíficos, porque serão chamados filhos de Deus! Bem-aventurados os que são perseguidos por causa da justiça, porque deles é o Reino dos Céus! Bem-aventurados sereis quando vos caluniarem, quando vos perseguirem e disserem falsamente todo o mal contra vós por causa de mim. Alegrai-vos e exultai, porque será grande a vossa recompensa nos céus, pois assim perseguiram os profetas que vieram antes de vós. (Mt 5, 2-12).*

O Papa Francisco no terceiro capítulo da exortação apostólica *Gaudete et Exsultate*, explicar como é possível ser santo, ser feliz seguindo a vontade de Deus, e aponta exatamente o caminho das Bem-aventuranças:

> Sobre a essência da santidade, pode haver muitas teorias, abundantes explicações e distinções. Uma reflexão do gênero poderia ser útil, mas não há nada de mais esclarecedor do que voltar às palavras de Jesus e recolher o seu modo de transmitir a verdade. Jesus explicou, com toda a simplicidade, o que é ser santo; fê-lo quando nos deixou as bem-aventuranças (cf. Mt 5, 3-12; Lc 6, 20-23). Estas são como que o bilhete de identidade do cristão. Assim, se um de nós se questionar sobre "como fazer para chegar a ser um bom cristão", a resposta é simples: é necessário fazer – cada qual a seu modo – aquilo que Jesus disse no sermão das bem-aventuranças. Nelas está delineado o rosto do Mestre, que somos chamados a deixar transparecer no dia a dia da nossa vida. A palavra "feliz" ou "bem-aventurado" torna-se sinônimo de "santo", porque expressa que a pessoa fiel a Deus e que vive a sua Palavra alcança, na doação de si mesma, a verdadeira felicidade. [46]

Viver a essência das bem-aventuranças nos dias atuais parece algo insano. Como ser feliz chorando, sendo manso, caluniado, perseguido etc. Somente quem teve ou tiver uma real experiência pessoal com o amor de Deus na pessoa de Jesus Cristo pela ação do Espírito Santo terá condições de querer viver a mensagem do Sermão da Montanha. Caso contrário, continuarão sendo para muitos, apenas palavras bonitas do Evangelho.

---

46 FRANCISCO. Exortação Apostólica *Gaudete et Exsultate*.(nº 63-64)

"Se o mundo vos odeia, sabei que me odiou a mim antes que a vós. Se fôsseis do mundo, o mundo vos amaria como sendo seus. Como, porém, não sois do mundo, mas do mundo vos escolhi, por isso o mundo vos odeia." (Jo 15, 18-19).

Parábola da Borboleta no Casulo

Certo dia surgiu um pequeno buraco num casulo. Um homem, que por ali passava por acaso, parou para observar a borboleta que se esforçava para sair por esse buraco. Depois de um bom momento, o buraco continuava pequeno. Parecia que a borboleta havia desistido, que havia feito tudo que podia e não conseguiria fazer mais nada. O homem então decidiu ajudar a borboleta. Pegou um canivete e abriu o casulo. A borboleta logo saiu.

Seu corpo, porém, era magro e sem vigor. As asas, mal desenvolvidas, pouco se moviam. O homem continuou a observá-la, à espera que a qualquer momento as asas se abrissem, suportando o corpo da borboleta, para que ela voasse.

Que nada! A borboleta passou o resto da vida a se arrastar pelo chão com seu corpo magro e asas raquíticas. Nunca conseguiu voar. O que o homem, com seu gesto de gentileza e sua intenção de ajudar, não compreendia é que a passagem pelo buraco estreito do casulo era o esforço necessário para a borboleta transmitir o líquido de seu corpo às asas a fim de que ela pudesse voar. Era o molde pelo qual a vida a fazia passar para crescer e desenvolver-se.

Essa é uma lei universal da vida, que não se realiza senão à custa de risco e aventura: não é possível transformar-se em borboleta e permanecer larva; é preciso correr o risco da própria metamorfose.

O bebê, no ventre da mãe, vive num estado eufórico. Banha-se como uma água-viva nas águas maternas com um conforto que nunca mais encontrará em sua existência. Depois, vem o contato com a realidade. É recebido com uma palmada. Sente frio e rapidamente o envolvem em panos. Mais tarde é, em meio a cólicas, febres, nascer dos dentes e choros que ele vai se desenvolver.

É a lei do 'Ajuda-te que o céu te ajudará'. Muitos se agarram a Deus e prefeririam que ele suprimisse toda provação, todo perigo, toda adversidade, para não sofrer, para não precisar fazer esforços. Mas a pedagogia divina é outra. Deus quer nos fortalecer através das provações da vida. Se ele resolvesse todos os problemas, agiria de modo paternalista e não respeitaria nossa pessoa. Não respeitaria nossa liberdade.

Através das provações, ele quer nos tornar mais fortes. Quer nos permitir nossa autoconstrução e autodefinição, pelo nosso bem maior.[47]

---

[47] SIMARD, Jean-Paul. *Espiritualidade*: Os recursos da alma para cura dos Sofrimentos e das Doenças. p. 29.

Capítulo 9

Paciência

"Nos gloriamos até nas tribulações. Pois sabemos que a tribulação produz a paciência, a paciência prova a fidelidade e a fidelidade, comprovada, produz a esperança. E a esperança não engana."
(Rom 5, 3-5)

Discipulado para a Paciência

A palavra grega para Paciência é *Hypomoné*, que significa suportar, sustentar, ser firme, resistir. Ou seja, nesse sentido, paciência é a capacidade, a força para aguentar uma situação difícil, ao invés de abandoná-la. Ser paciente, não é ser simplesmente resignado, alguém que aguenta tudo calado, apático e passivo. Esse pode ser um significado da palavra latina *patientia*, mas é um elemento do ser paciente, mas não o que é a paciência em si.

Ser paciente supõe um envolvimento ativo da vontade pessoal. Como se alguém falasse: *"Vou suportar essa realidade dolorosa e sofrida e não desistirei até que ela se transforme"*. E você pode me perguntar: *"Mas se transforme em quê?"*. Depende do que cada um está passando. Um exemplo, se há uma dificuldade de diálogo numa relação, é necessário ser paciente até que essa dificuldade seja superada e se transforme em harmonia e sadia convivência.

São Paulo, escrevendo aos Gálatas, diz que a paciência é um fruto do Espírito Santo (cf. Gl 5, 22). Se nos deixarmos guiar por Ele, obedecendo Sua voz e os Seus movimentos, obteremos esse fruto tão necessário na vida cristã, sem o qual dificilmente alcançaremos o nosso fim último, o Céu, a vida eterna.

No livro *De Patientia*, Tertuliano, um grande padre da Igreja, reconhece sua impaciência e para alcançar a virtude da paciência é necessário reconhecer sua fragilidade e por isso deveria suplicar a Deus, falar e escrever sobre essa virtude:

> Desta forma eu, misérrimo, sempre consumido pela febre da minha impaciência, para obter esta virtude necessito suspirar, pedir e dela falar. Vejo minha enfermidade e tenho presente que, sem o socorro da paciência, não se logra facilmente a firmeza da fé nem a boa saúde da doutrina cristã. De tal modo Deus a antepôs, que sem ela ninguém pode cumprir nenhum preceito nem realizar nenhuma obra grata ao Senhor.[48]

A prática do cuidado exige paciência. Cuidar da própria formação pessoal, das relações interpessoais, da sua relação com Deus, tudo isso precisa de paciência. Em uma vida familiar, o cuidado na educação dos filhos, custará uma paciente dedicação e muita atenção, orientação, correção, enfrentamentos necessários. Haverá certamente dificuldades particulares que são próprias de cada personalidade e fases da vida. E sem a virtude da paciência da parte de quem educa e também quem é educado, esse processo educativo não irá alcançar sua finalidade benéfica.

É comum que, nas relações humanas, haja falhas, imperfeições, dificuldades, pois nem todas as pessoas são iguais e não alcançaram um grau de maturidade e paciência a tal ponto que todos os confli-

---

48 TERTULIANO, CIPRIANO, AGOSTINHO. *Sobre a Paciência*. p. 37.

tos estejam superados, até porque, isso não depende somente de fatores pessoais, mas também de várias outros elementos e circunstâncias. Por exemplo, uma pessoa pode até ser paciente, mas suponhamos que passou por um forte abalo emocional que ela ainda não conseguiu administrar interiormente. Isso naturalmente vai alterar o seu humor e pode afetar negativamente seu relacionamento com outras pessoas. Será difícil manter qualquer relacionamento e vínculos estáveis, se não houver paciência.

É natural, na vida, nos defrontarmos com problemas, dificuldades que geram grande dor e sofrimento e podem nos desestabilizar momentaneamente ou até mesmo gerar futuros traumas.

Aprender a ser paciente, nestes momentos de contrariedade e reverses da vida é uma arte necessária para formação da personalidade e alcance da santidade. É um grande sinal de maturidade aproveitar as dificuldades que a vida nos traz e aprender a sermos mais pacientes. É notável que alguém que aprendeu a ser paciente, passe a aceitar as dificuldades com mais tranquilidade, calma e equilíbrio interior e não se descontrole tão facilmente diante dos problemas.

E como aprendemos a virtude da paciência? Exatamente em meio as tribulações como diz São Paulo: *"Nos gloriamos até nas tribulações. Pois sabemos que a tribulação produz a paciência, a paciência prova a fidelidade e a fidelidade, comprovada, produz a esperança. E a esperança não engana."* (Rm 5, 3-5).

A paciência se apoia na esperança. Será muito difícil ter paciência se não tiver esperança. Pois é ela que nos move a suportar, aguentar, lutar, tentar, resistir as dificuldades. Nos campos de concentração nazistas houve muitos belos testemunhos de homens e mulheres que permaneceram pacientes nas tribulações, apesar das circunstâncias desumanas que viviam, porque tinham algum tipo de esperança, fosse uma esperança para algo desta vida terrena ou para a vida na eternidade.

É muito comum encontrar pessoas que são apontadas ou elas mesmas se percebem impacientes. Conhecidas com uma pessoa de *"pavio curto"*. Logo perdem as estribeiras, ficam irritadas e se descontrolam. Saem do eixo. Aqui lembro agora do momento no Getsêmani quando Jesus foi ser preso e Simão Pedro *"que tinha uma espada, puxou dela e feriu o servo do sumo sacerdote, decepando-lhe a orelha direita (...). Mas Jesus disse a Pedro: "Enfia a tua espada na bainha"!"* (Jo 18, 10-11).

Quantas vezes também nós, como Pedro, somos discípulos eleitos e amados, caminhamos com Jesus, mas estamos armados, como costumamos dizer "até os dentes", com as espadas das nossas impaciências e facilmente as impúnhamos aos outros com as nossas raivas, ódios, impulsividades, grosserias e vinganças. Não podemos esquecer o que Jesus queria de Pedro naquele Monte não era que ele impaciente o defendesse com uma espada, mas que ele rezasse com Ele, mas isso Pedro não fez porque estava dormindo. Às vezes, além de não darmos a Deus o que Ele nos pede, tratamos de lhe oferecer o que Ele não quer de nós.

A impaciência é um dos principais pontos fracos da própria personalidade. Ninguém supera a impaciência se não aceita com humildade que é impaciente. E o propósito de melhorar, crescer, amadurecer e superar esse defeito supõe decisão e disciplina no exercício constante de ser paciente. O que certamente não é fácil, mas também não é impossível. As tentações e provações virão, mas poderão ser enfrentadas e vencidas.

Um elemento importante que quero ressaltar é sobre a necessidade da paciência consigo mesmo. Por vezes, percebo que somos rigorosamente frios, duros e calculistas com a gente mesmo. Penalizamo-nos e condenamo-nos diante das próprias faltas e imperfeições. E o fato é que, normalmente quando não aprendemos a ter paciência conosco, dificilmente aprenderemos a ter paciência com alguém. A paciência com o outro sempre será mais facilitada, quando existir uma autêntica paciência com quem realmente somos. Compreendendo e buscando superar os próprios limites, fraquezas e pecados pessoais, poderemos pacientemente também ajudar alguém naquilo que é necessário crescimento, maturidade e santidade.

Existem adágios populares que dizem: *"A paciência é uma virtude"*, *"O apressado come cru"*, *"Mares calmos não fazem bons marinheiros"*. Normalmente a virtude da paciência não nasce em meio à tranquilidade e em situações pacíficas. São as situações difíceis, dolorosas, desafiadoras que nos ensinam, de fato, a termos a virtude da paciência. Só se aprende a ter paciência, tendo.

Quero compartilhar com vocês duas orações que me ajudam muito a ter paciência nos momentos de dificuldades. A primeira é da Santa espanhola Teresa d'Ávila: *"Não te perturbe, nada te amedronte. Tudo passa! A paciência tudo alcança. A quem tem Deus nada falta, só Deus basta"*; E a segunda é a *Oração da serenidade* muito usada em grupos de anônimos, atribuída ao teólogo protestante americano Reinhold Niebuhn. A oração é assim: *"Concedei-me, Senhor, a serenidade necessária para aceitar as coisas que não posso modificar, coragem para modificar as que posso, e sabedoria para distinguir uma das outras"*.

A paciência de Deus

São Francisco de Assis em seus louvores a Deus altíssimo diz: *"Vós sois a paciência"*. De fato, Deus é paciência desde a desobediência de Adão e Eva no Paraíso até as nossas desobediências de hoje.

Encontramos, no Antigo Testamento, um relato muito importante a respeito da paciência de Deus que mostra Abraão intercedendo pelos habitantes de Sodoma. O grande pai da fé faz uma experiência íntima e profunda com Deus dialogando de forma simples e familiar a respeito da forma como o Senhor agirá com relação aos habitantes daquela cidade corrompida pelo pecado.

Abraão confia e quer comprovar a justa e misericordiosa paciência de Deus. Então, na presença do Senhor, ele questiona-o se em Sodoma houvesse cinquenta justos, se mesmo assim Ele destruiria a cidade? E Deus responde: *"se eu encontrar em Sodoma cinquenta justos, perdoarei a toda a cidade em atenção a eles."* (Gn 18, 26).

Diante dessa demonstração de paciência, Abraão continua fazendo a mesma pergunta, mas agora diminuindo gradativamente o número de justos até chegar a apenas dez justos. E o Senhor lhe respondeu: *"Não destruirei por causa desses dez."* (Gn 18, 32).

Creio que o aspecto principal desse texto, não deve recair tanto sobre o número de justos necessários na cidade para poder aplacar a "fúria destrutiva" do Senhor, mas sobre a imensidão da divina paciência de Deus para com a humanidade. Diante de tantas barbaridades humanas cometidas ao longo da história, Ele continua a nos amar e manifestar a nós a sua eterna misericórdia.

A parábola da figueira estéril do evangelista São Lucas fala da necessidade de darmos a Deus, fruto de sincera conversão, já que essa figueira representa nossas vidas. Mas, nesta metáfora, contada por Jesus encontramos também, um elemento importante que fala da paciência de Deus para conosco. Vejamos:

> Um homem havia plantado uma figueira na sua vinha, e, indo buscar fruto, não o achou. Disse ao viticultor: 'Eis que três anos há que venho procurando fruto nesta figueira e não o acho. Corta-a; para que ainda ocupa inutilmente o terreno?'. Mas o viticultor respondeu: 'Senhor, deixa-a ainda este ano; eu lhe cavarei em redor e lhe deitarei adubo. Talvez depois dê frutos. Caso contrário, mandarás cortá-la'. (Lc 13, 6-9.)

Creio que este *"viticultor"* representa toda ação misericordiosa de Deus para conosco. Muitas vezes somos estéreis nas ações de amor no cumprimento da vida cristã. E na esperança de que nos convertamos, o Espírito Santo pacientemente age em nós como que, 'cavando' em volta de nós com a sua bondade e nos preenchendo com o 'adubo' do seu amor, na esperança de que nos convertamos e ofereçamos bons frutos de uma vida verdadeiramente evangélica.

São Pedro nos esclarece a respeito dessa paciência de Deus para conosco: *"um dia diante do Senhor é como mil anos, e mil anos como um dia. O Senhor não retarda o cumprimento de sua promessa, como alguns pensam, mas usa de paciência para convosco. Não quer que alguém pereça; ao contrário, quer que todos se arrependam".* (II Pd 3, 8-9).

Tenhamos a certeza de que o caminho para santidade é árduo e difícil. Devemos, em oração, logo ao início do dia, pedir a Deus a graça da santa paciência para aceitar tudo o que possa acontecer ao longo do dia e que porventura possa vir nos aborrecer, nos irritar e roubar a paz de nosso coração. Certamente o Demônio, o inimigo de Deus e nosso, trabalhará e nos tentará constantemente para que percamos a paciência, a serenidade e paz.

Precisamos estar atentos, porque, por vezes, até cumprimos muito bem nossas obrigações e práticas religiosas, mas muito facilmente perdemos a paz interior. Impacientamo-nos, resmungamos, brigamos e nos revoltamos quando algo foge de nosso controle e fere o nosso ego.

Na Província dos frades capuchinhos do Ceará e Piauí, da qual faço parte, é conhecida uma história antiga do diálogo entre dois frades no refeitório. Um era muito bem-humorado e gostava sempre de contar anedotas e o outro era muito introspectivo e aparentemente impaciente. Certo dia, aquele frei bem divertido quisera fraternalmente "implicar" com o outro frade contando-lhe uma estória.

Dizia ele que havia num convento de freira uma religiosa que era considerada como uma santa em vida. Extremamente radical em tudo o que fazia. Praticava longas orações, vigílias noturnas, jejuns, mortificações, mantinha uma grande observância do silêncio e outros exercícios espirituais. Isso chamava atenção das Irmãs e o fato chegou até Roma, que logo mandou um responsável para observar e estudar o caso daquela "santa em vida". O representante ao chegar no Convento, passou alguns dias analisando os movimentos exemplares daquela religiosa e viu que, de fato, eram admiráveis. Então pediu uma conversa particular com ela. Chegado o momento, o representante do Papa diante da irmã lhe deu um bom dia e lhe abençoou. E ela com o olhar sempre baixo, simplesmente agradeceu com uma leve reverencia com a cabeça. O padre então perguntou: "Qual o seu nome?" e ela respondeu bem baixinho, quase sussurrando: "Irmã Maria das Dores...". Ele disse: "Não ouvi irmã, por favor, poderia repetir?". Ela, já se mostrou desconfortável, respirou fundo de disse ainda baixo, mas pausado: "Irmã Maria das Dores!". E ele novamente a disse: "Irmã, a senhora falou muito baixo, por favor, simplesmente me diga seu nome!". Foi quando ela se levantou furiosa e impaciente e gritou: *"O senhor por acaso é surdo? Eu já falei! Meu nome é IRMÃ MARIA DAS DORES!"* e saiu da sala cheia de raiva e rispidez. E o laudo para o Vaticano dizia em poucas palavras: "É uma religiosa que reza muito, mas só não tem caridade e paciência!".

Qual seria a moral da estória que esse frei contava ao seu confrade? Podemos concluir que rezar muito e buscarmos uma vida de intensa intimidade com Deus e dedicação à conversão diária é essencial sim, porém, não podemos descuidar de que a virtude da paciência faz parte do processo de maturidade humana espiritual e é imprescindível no caminho para a santidade. Ressaltando que essa paciência é devida a nossos irmãos, pois o mandamento do amor que o Mestre Jesus nos deixou, nos diz que não devemos amar somente a Deus, mas também aos outros.

No clássico livro de espiritualidade *Imitação de Cristo* no livro I, capítulo XVI fala especificamente sobre a virtude da paciência. Vejamos:

> *O que o homem não pode emendar em si ou nos outros, deve sofrê-lo com paciência, até que Deus ordene de outro modo. Pensa que talvez seja melhor assim, para pores à prova a tua paciência, sem a qual não são dignos de muita estimação os nossos merecimentos (...) Esforça-te por sofrer com paciência*

> *quaisquer defeitos e fraquezas alheias, pois há muito em ti que os outros têm que suportar. Se não consegues ser o que desejas, como poderás transformar os outros segundo os teus desejos?*[49]

O autor nos exorta que há algumas situações na vida de fé com relação a nós mesmo e aos outros que não mudarão pela força dos nossos meros esforços humanos, mas pela absoluta graça de Deus. E é bom que seja assim, pois, se tudo se resolvesse de acordo com os nossos planos, esforços e execuções, seríamos autossuficientes e deuses de nossa própria vida. Portanto, precisamos, muitas vezes, provar com paciência os nossos limites, próprios da nossa criaturalidade e finitude humana e deixar que Deus seja Deus em nossas vidas.

Seguindo a exortação desse célebre livro, somos convidados a suportar com paciência as fraquezas alheias, porque também os outros, de alguma forma, devem sofrer e precisam ter paciência para conosco. Dificilmente paramos para pensar nesse aspecto, porque é sempre mais fácil identificar, evidenciar e apontar os defeitos e pecados alheios, e ainda nos julgarmos "bons" porque temos que suportá-los. Mas e os nossos defeitos e pecados que os outros também estão tendo que suportar com paciência?

---

49 IMITAÇÃO DE CRISTO, Livro I, Cap. XVI, pp. 68-69.

Normalmente pretendemos mudar os comportamentos frágeis dos outros, se ainda não conseguimos mudar nem os nossos. Isso são crueldade e hipocrisia. Lembra sempre o que Jesus falou: *"Por que olhas a palha que está no olho do teu irmão e não vês a trave que está no teu? Hipócrita! Tira primeiro a trave de teu olho e assim verás para tirar a palha do olho do teu irmão." (MT 7, 3-5).* Se precisamos receber paciência alheia, pois que aprendamos também a oferecê-la àqueles que julgamos mais difíceis de conviver.

Para nós, cristãos, praticar a paciência não é simplesmente um gesto formal de educação, uma conveniência social ou até mesmo por uma soberba vaidade espiritual de poder ser achar e se nomear uma pessoa paciente. A obrigação de sermos pacientes nasce do exemplo do próprio Deus que desde o início da história da humanidade, se mostra compassivo e paciente para com as suas criaturas.

> Desde o princípio do mundo Ele derrama de forma igual sobre os justos e os injustos a flor dessa luz, estabeleceu os benefícios das estações, o serviço dos elementos e a rica fecundidade da natureza tanto para aqueles que são dignos quanto para os indignos, suporta povos ingratíssimos, adoradores de joguetes e obras de suas próprias mãos, que perseguem seu nome e o de sua família; Sua paciência aguenta constantemente a luxúria, a avareza, a insolente iniquidade, a tal ponto que, por causa disso, muitos não crêem no Senhor, porque não o vêem irado contra o mundo. [50]

---

50 TERTULIANO, CIPRIANO, AGOSTINHO. *Sobre a Paciência.* p. 39.

O autor da patrística nos mostra que muitos não creem em Deus, porque Ele não se mostra irado e impaciente diante da maldade da humanidade. No fundo, no fundo, porque somos impacientes queríamos que Deus agisse segundo a nossa vontade. Mas não foi, não é e jamais será assim. Deus é Deus! Ele não somente tem amor, mas Ele é Amor. É plenamente bom e paciente e, mesmo diante de nossas maldades e impaciências, Ele não muda. Ele permanece fiel, sendo amor, bondade, compaixão e misericórdia em tudo o que diz e no que faz.

Deus fala pela boca do profeta Isaías e nos exorta dizendo: *"Pois meus pensamentos não são os vossos, e vosso modo de agir não é o meu, diz o Senhor; mas tanto quanto o céu domina a terra, tanto é superior à vossa a minha conduta e meus pensamentos ultrapassam os vossos." (Is 55, 8-9).* Ou seja, não é porque somos irados, vingativos e impacientes, devemos querer que Deus aja como nós. Ele é e sempre será infinitamente maior do que nosso limitado e mesquinho jeito de amar e ser justo.

O pecado da Impaciência

Sem a virtude da paciência jamais alcançaremos a perfeição cristã. Viver os valores ensinados por

Jesus Mestre e Senhor em uma sociedade imediatista, ansiosa, intolerante, que não suporta esperar e quer "tudo para ontem", é profundamente exigente e desafiador.

    A virtude da paciência não se compra pronta nas prateleiras de uma loja ou em *sites* de compras virtuais. Ela se adquire na peleja diária, em um processo de autoconhecimento, autodomínio e disposição de viver os enfrentamentos que são próprios dos relacionamentos, nos constantes confrontos com os limites da vida, das imperfeições nossas e dos outros que pedem de nós uma postura cristã. Agir como um verdadeiro seguidor de Jesus Cristo supõe o mínimo de disposição interior para ser paciente consigo, com os outros, com os reverses da história e até com o próprio modo de agir de Deus.

    Confesso que é bem difícil ser cristão e agir pacientemente quando tenho que enfrentar o trânsito de uma cidade grande. Não é cômodo ter que esperar numa fila de banco, de um supermercado, num hospital para uma consulta ou exame ou em um saguão de aeroporto quando o avião atrasa. Diante de condições estressantes, a postura quase natural é de agir rapidamente com impaciência, fúria e ira.

    Não é fácil ser paciente com um irmão tido como "pavio curto", de temperamento forte, imaturo e tempestivo. E, como sacerdote, um ministro de

Deus, também ter que demonstrar um equilíbrio humano e espiritual para lidar diariamente com as dores e sofrimentos das pessoas aflitas que nos procuram constantemente para um aconselhamento, direção espiritual ou em busca do sacramento da reconciliação.

Escutei em algum lugar um provérbio que diz: *"A paciência é a mãe da boa vontade"*. Confesso que em um primeiro não entendi muito bem e fiquei ruminando. Cheguei a uma conclusão que eu sei que não esgota o sentido da frase em si, mas fez todo sentido para mim.

Creio que a boa vontade de agir corretamente, de realizar algo bondosamente exige sempre um gesto de reflexão, calma e paciência. Por isso aqui, a paciência se torna "mãe" da boa vontade. Talvez seja mais fácil agir pela força do momento e maldosamente, sem boa vontade, pois sem paciência age-se impulsivamente e normalmente não se calcula os prejuízos dos atos. Por exemplo, suponha que eu tenho um amigo que admiro muito, mas ele tem comportamentos ilegais, desonestos, impuros. O que fazer? Se eu tiver paciência terei também boa vontade de tentar ajudá-lo a superar esses comportamentos ilícitos. Mas, se não tiver paciência, posso agir de má vontade e não querer ajudá-lo. Provavelmente simplesmente me afastarei deixando que ele se afogue nesses modos errôneos de proceder.

Lembro-me das palavras de Jesus na parábola do Bom Samaritano no Evangelho de São Lucas 10, 30-35. O que fez o levita e o sacerdote olhar o homem ferido e caído à beira, além da falta de misericórdia, e seguir adiante? Também existia ali a má vontade de vencer o preconceito, de vencer o legalismo religioso de não poder tocar no sangue para não se tornar impuro, vencer a própria pressa e parar de pensar egoisticamente somente em si e nos próprios projetos. Ter misericórdia, amar, ser bondoso, dedicar-se a uma boa causa, com certeza exige muita boa vontade, que não existirá sem a virtude da paciência. Compreendendo assim, posso dizer então que a impaciência é filha da má vontade.

Se não tomarmos cuidado, a impaciência se torna um vício e nos domina. Causando assim inúmeras emoções negativas para si e para os outros. Pessoas impacientes são consideradas insuportáveis, chatas, exaustivas e agressivas. Impaciência tem muito a ver com incapacidade. Sobretudo de esperar. Essa incapacidade não vai acelerar o futuro, por exemplo, não vai adiantar o processo de maturidade de alguém. E, se isso acontecer, pode trazer consequências graves.

O grande doutor da Igreja São Francisco de Sales em sua Obra *Filoteia: Introdução da vida devota* dedica um tópico inteiro para falar da virtude da paciência. Acentua a necessária paciência em um momento de enfermidade física, mas é claro que podemos aplicar às enfermidades espirituais. Sabiamente para mostrar a importância da prática da paciência em uma vida autenticamente devota a Deus, o santo, usando uma bela analogia das abelhas, nos ensina:

> *Lembra-te de que as abelhas, no tempo em que fazem o mel, vivem e comem um alimento muito amargo; e nós nunca podemos fazer atos de maior doçura e paciência, nem fabricar melhor o mel das excelentes virtudes, do que comendo o pão da amargura e vivendo entre as angústias. E como o mel que é feito das flores do tomilho, erva pequena e amargosa, é o melhor de todos; assim a virtude que se pratica na amargura das mais vis, baixas e abjetas tribulações, é a mais excelente de todas.*[51]

O que me faz ter paciência? Primeiramente tomar consciência de que é um exercício diário, um esforço constante, aquilo que na espiritualidade cristã chamamos de *Ascese*. Esse exercitar-se espiritualmente. Esse ato de se livrar de todos os pesos do pecado e ficar leve para ascender, mover-se para o alto, atingir a meta que é o Céu de Deus.

É honroso e memorável o heroísmo dos muitos e muitos mártires da Igreja que padeceram toda espécie de cruéis torturas, dores e sofrimentos e mesmo assim não renegaram a Cristo, ficaram firmes e resistentes, pacientemente derramaram os seus sangues em nome de Jesus. Como diz o Apocalipse de São João: *"Esses*

---

[51] São Francisco de Sales. *Filoteia:* Introdução à vida devota. pp. 159-160.

são os sobreviventes da grande tribulação; lavaram as suas vestes e as alvejaram no sangue do Cordeiro. Por isso, estão diante do trono de Deus e o servem, dia e noite, no seu templo." (Ap 7, 14-15).

Quero fazer uma sutil diferenciação entre momento de impaciência e estado de impaciência. Ambos são pecados e ofendem ao coração de Deus. Mas a gravidade dessas ofensas tem graus diferentes. Precisamos tomar consciência para que busquemos não cometer nem uma e nem outra.

Momento de impaciência é algo circunstancial, é pontual. Não é algo constante, mas que nasceu de um momento específico. Mas eu estou consciente de que eu não fiz e nem quis fazer um esforço para suportar com paciência uma determinada dificuldade. Como, por exemplo, no trânsito, ao dirigir, nem pela caridade cristã, aguentar uma postura ofensiva de uma pessoa que cometeu algum erro que me prejudicou. Então eu *"perdi a cabeça"* e revidei, xinguei, gritei e *"paguei na mesma moeda"*. A ocasião me levou ao pecado. Devo reconhecer meu pecado por não ter tido paciência naquela ocasião.

O estado de impaciência é uma postura fixa, algo que se tornou um habitual. É o que por vezes chamamos de *"pecado de estimação"*. Aquele pecado que há anos levamos novamente para a confissão, direção espiritual, mas que, infelizmente, já está tão entranhado em nós que acabamos nos acostumamos com ele e já não lutamos para superar e romper com ele. Isso é muito grave. Se eu quero agradar a Deus e alcançar a santidade não posso me acostumar com o pecado da minha impaciência.

Às vezes, em minhas pregações, digo que existem alguns pecados que tem hora, nome e local exatos para acontecer. São situações claramente identificáveis de ruptura voluntária com a graça e com amor de Deus. E, assim, o Demônio o quer, pois assim conseguiu criar prisões e amarras que nunca nos permitirão sermos totalmente livres para nos entregarmos inteiramente ao projeto de Deus. São João da Cruz, Doutor da Igreja, dizia que pouco importa se um passarinho está com um fio grosso ou fino, ele ficará sempre preso e não poderá voar. Ou seja, aquele "pecadinho da impaciência" que se tornou "comum" em minha vida cristã, poderá tornar-se meu passaporte para o inferno, para a condenação eterna.

Lendo a vida de São Francisco de Sales, os biógrafos nos contam que, depois de sua morte, descobriram que a parte de baixo de sua mesa de trabalho estava toda arranhada, porque mesmo com o seu temperamento forte, preferia "descarregar" suas impaciências arranhando a mesa do que responder sem amor, mansidão e paciência as pessoas que o procuravam.

Olhemos também para a vida de Santa Madre Teresa de Calcutá. Quanto heroísmo há no testemunho de paciência dessa mulher que passou mais de 50 anos em uma profunda escuridão interior sem sentir Deus. Sentia-se vazia e abandonada, embora confiasse absolutamente na existência e bondade de Deus. Por viver essa escuridão interior, apesar de fazer tanto bem a inúmeras pessoas em nome de Deus. Ela poderia ser uma mulher revoltada, impaciente, amarga, ríspida, mas não foi. Sempre transparecia paciência, alegria, confiança, docilidade e mansidão para com quem a encontrava. Chegava a dizer: *"Quanto maior for a dor e quanto mais escura for a escuridão mais doce será o meu sorriso para Deus"*.[52]

Dentre tantos testemunhos de autêntica paciência cristã, não posso deixar de citar o esplendido testemunho Santa Mônica, a mãe de santo Agostinho de Hipona. Além de suportar com paciência o seu esposo Patrício, homem rude, adultero e violento. Teve também que rezar durante longos anos pela conversão dos dois filhos, principalmente por seu filho mais velho Agostinho. Este lhe causou grandes tristezas por viver uma vida extremamente mundana mergulhada nos vícios e grandes pecados.

---

[52] KOLODIEJCHUK, Brian. *Madre Teresa*: Venha e seja minha luz. p. 229.

Durante trinta anos Mônica rezou fervorosamente, fez penitências e, sem desanimar, para que Agostinho se convertesse e se tornasse um cristão. Sua perseverança foi heroica e admirável. Tal virtude foi reconhecida pelo próprio filho que a reconhecia como o seu alicerce espiritual que o conduziu a verdadeira fé. O próprio Agostinho relata em sua Obra *Confissões*:

> *Seguiram-me, efetivamente, quase nove anos a mais, em que, tentando muitas vezes levantar-me, caía mais gravemente e me revolvia nesse lodo profundo e nas trevas da mentira. Entretanto, aquela viúva casta, piedosa, e sóbria – como Vós a quereis – já, certamente, mais alegre pela esperança, não menos remissa em prantos e gemidos, não se cansava de vos fazer queixa de mim, durante as horas em que orava. "As suas preces chegaram à vossa presença".*[53]

A oração paciente, humilde, constante e confiante de Mônica tocou profundamente o coração de Deus e ela conseguiu aquilo que tanto buscou durante a vida, a conversão do esposo e dos dois filhos. O seu filho Agostinho se tornou um dos santos mais conhecidos da Igreja. Um grande e verdadeiro pilar do cristianismo com o seu autêntico testemunho e os seus sábios escritos doutrinários, teológicos e espirituais a respeito da fé cristã.

Um dia, profetizou o grande Santo Ambrósio, um sábio bispo também muito influente na conversão de Agostinho, a Mônica em sua aflição: *"Vai em paz e*

---

53 SANTO AGOSTINHO. *Confissões*. Livro III, nº XI. p. 81.

continua a viver assim, porque é impossível que pereça o filho de tantas lágrimas".[54] A inabalável confiança de Mônica nas promessas de Deus não foi frustrada. Como diz o salmista: *"Os que semeiam entre lágrimas, recolherão com alegria." (Sl 125, 5).* E ela colheu com muita alegria os gloriosos frutos da sua admirável paciência. Ela viu o seu amado filho ser batizado e se tornar um exímio cristão. Portanto, também nós devemos aprender com Santa Mônica a esperar com confiança e paciência as demoras de Deus, pois como diz o provérbio: *"Deus tarda, mas não falha".*

Paciência e confiança

O Salmista nos ensina a cantar e celebrar com ele a alegria de quem soube esperar pacientemente no poder do Senhor sem se deixar abater. Compara o sofrimento de sua vida como uma "fossa mortal" ou um "charco de lodo", ou seja, lugares fedorentos de situação deplorável e desumana. Mas, devido sua confiança e paciência, o Senhor Deus vem salvá-lo e ainda fará de sua vida um lindo testemunho para outros que passarão a acreditar no Deus Altíssimo. Leiamos atentamente essas palavras:

> *Esperei no Senhor com toda confiança. Ele se inclinou para mim, ouviu meus brados. Tirou-me de uma fossa mortal, de*

---

[54] Idem, Livro IX, Nº XII, p. 82.

> um charco de lodo; assentou-me os pés numa rocha, firmou os meus passos; pôs-me nos lábios um novo cântico, um hino à glória de nosso Deus. Muitos verãos essas coisas e prestarão homenagem a Deus, e confiarão no Senhor. Feliz o homem que põe sua esperança no Senhor. (Sl 39, 2-5)

Aquele que confia nas promessas do Senhor também aprende a sofrer pacientemente as suas demoras. É verdade que não é fácil, é extremamente desafiador e heroico saber ter paciência e esperar a realização das promessas de Deus. Mas aqui cabe este provérbio da sabedoria popular: *"Deus tarda mais não falha!"*. Como cremos em um Deus que não mente e é fiel aos seus propósitos, devemos continuar esperando e como o salmista podemos dizer: *"Pela tarde vem o pranto, mas, de manhã, volta a alegria."* (Sl 29, 6).

É muito conhecida uma frase de Joseph Joubert que diz: *"a paciência é a única solução para os problemas que não tem solução"*. Essa frase é muito interessante, pois nos faz entender que, em algumas circunstâncias da vida, só nos resta ter paciência. Quando fracassamos em um projeto; quando um relacionamento acaba definitivamente; quando adoecemos e precisamos ficar internados para concluir um tratamento; diante da morte de uma pessoa querida, o que nos resta a fazer nessas e tantas outras situações difíceis e dolorosas que a vida nos apresenta? Resta a cada um de nós buscar ser pacientes e aceitarmos a verdade dos fatos e, por mais que estas realidades nos façam sofrer, elas fazem parte da vida de todo ser humano.

Existem textos bíblicos que marcam a nossa caminhada de fé e para mim um deles é o Capítulo 2 do Eclesiástico. Em muitos momentos da minha vida, Deus me toca profundamente a partir desse texto que nos fala diretamente da paciência e confiança em Deus. Convido-lhe a ler atentamente, saboreando cada palavra.

> *Meu filho, se entrares para o serviço de Deus, permanece firme na justiça e no temor, e prepara a tua alma para a provação; humilha teu coração, espera com paciência, dá ouvidos e acolhe as palavras de sabedoria; não te perturbes no tempo da infelicidade, sofre as demoras de Deus; dedica-te a Deus, espera com paciência, a fim de que no derradeiro momento tua vida se enriqueça. Aceita tudo o que te acontecer. Na dor, permanece firme; na humilhação, tem paciência. Pois é pelo fogo que se experimentam o ouro e a prata, e os homens agradáveis a Deus, pelo cadinho da humilhação. Põe tua confiança em Deus e ele te salvará; orienta bem o teu caminho e espera nele. Conserva o temor dele até na velhice. (Eclo 2, 1-6).*

O livro do Eclesiástico faz parte dos livros sapienciais do Antigo Testamento. O autor provavelmente vivia em Jerusalém no início do segundo século antes de Cristo. Chama-se Jesus ben Sirac (Jesus filho de Sirac), por isso o livro pode ser encontrado em algumas traduções grega e latinas como livro de Sirácida.

O objetivo do livro é defender o judaísmo do helenismo, que basicamente era a predominante cultura pagã dos gregos e teve como grande propagador Alexandre O grande. O autor desse livro buscava colocar em destaque os principais elementos do judaísmo: a fé em Javé, a Lei e o Templo.

Fiz questão de apresentar alguns elementos sobre esse livro porque podemos perceber muitos pontos que se aplicam diretamente aos dias de hoje. Ben Sirac estava convidando os fiéis a permanecerem firmes na fé, mesmo vivendo em um contexto de perseguição e intolerância religiosa.

Também vivemos em um contexto hostil a fé cristã. Isso acontece hoje de forma explícita. Sabemos que há muitos cristãos que são perseguidos e mortos ou precisam se refugiar em outros países simplesmente pelo fato de serem cristãos. Essa aversão acontece também de forma aparentemente implícita. Isso acontece mesmo que não aconteça uma declarada perseguição à prática religiosa. É até possível vivenciar o ser cristianismo desde que isso não atrapalhe em nada os planos e execução da corrupção, da injustiça, da aprovação de leis que ferem a moral cristã, do autoritarismo político e do secularismo reinante.

Posso dizer que, mesmo vivendo em um país culturalmente de tradição cristã, que possui liberdade de culto e até alguns feriados católicos no calendário civil, já fui afrontado, desrespeitado e hostilizado pelo fato de me declarar cristão e, por isso, contrário a algumas práticas que não condizem com a ética, a moral e a fé cristã. Além disso, escuto constantemente relatos de pessoas que são ridicularizadas em ambientes acadêmicos, profissionais e outros, porque não deixaram de demonstrar ali a sua fé em Jesus Cristo e na Igreja.

O que nos cabe fazer diante dessas perseguições? Eu sei que é difícil, mas precisamos continuar testemunhando com paciência a nossa fé em Deus. Podemos seguir as orientações preciosas deste Capítulo 2 do livro do Eclesiástico que nos orienta a permanecer firmes em tempos das humilhações, perturbações, infelicidades e todo tipo de provação. Deus nos prova para nos aprovar. Como o ouro e a prata seremos testados no fogo da dificuldade, mas a paciência confiante e cheia de esperança nos levará à vitória em Cristo Jesus que é o Alfa e o Ômega.

São Paulo exortava a Timóteo dizendo:

> *"Mas tu, ó homem de Deus, foge desses vícios e procura com todo empenho a piedade, a fé, a caridade, a paciência, a mansidão. Combate o bom combate da fé. Conquista a vida eterna, para qual foste chamado e fizeste aquela nobre profissão de fé perante muitas testemunhas". (I Tim 6, 11-12).*

Essas palavras são dirigidas também a nós que fomos batizados, crismados e recebemos o Espírito Santo. É Ele que nos dará a paciência necessária para que não nos tornemos apostatas de Cristo negando a nossa fé. É esse mesmo Espírito que agiu plenamente em Jesus e pode agir em nós nos levando ao termo do nosso propósito cristão.

Convido-os a rezarem comigo:

Senhor, é verdade que vivemos tempos difíceis e hostis à nossa prática da nossa fé em Ti. Mas não queremos desistir. Não queremos voltar e Te negar diante do mundanismo reinante e dos corações indiferentes à Tua vontade. Estou consciente que as provações são permitidas por Ti, não por castigo, mas para nos fazer crescer plenamente no Amor tendo em vista a nossa salvação. Nenhuma destas provações está além das minhas forças, embora haja momentos que pareça. Não peço que as retire da minha vida, mas que o Senhor me ensine pela ação do teu Espírito Santo a prática da santa paciência para vencê-las heroicamente. Confiando em Ti, eu sei que conseguiremos!

Capítulo 10

Filho mais velho

"Haverá maior júbilo no céu por um pecador que fizer penitência do que por 99 justos que não necessitam de arrependimento."
(Lc 15, 7)

Como o filho mais velho...

Certa vez eu estava fazendo minha oração pessoal. Eram dias bem difíceis devido as circunstâncias tristes de uma forte segunda onda de contágios, reinfecções e muitas mortes da pandemia do Coronavírus até pior do que na primeira quarentena no início do ano de 2020. Isolado no convento, com receio e inseguro até mesmo em relação aos confrades com quem convivia. Eu tive que organizar bem o meu tempo em uma rotina de atividades para que eu pudesse manter um equilíbrio interior, ter saúde mental e espiritual. Isto incluía: Orações, estudos, descanso, atividade física, leituras, produção de conteúdos (como vídeos, textos, palestras, conferências), alguns trabalhos missionários *on-line* (Transmissões de Missas, *Lives* formativas e oracionais, atendimento virtual de alguns fiéis aflitos).

Num primeiro momento, tudo isso estava muito bom e necessário, pois eu acho que criar uma rotina de vida com disciplina e amor ajuda-nos muito a crescer e desenvolver qualificações em vários âmbitos da vida. Mas o problema é como fazemos isso. Percebi que, depois de um tempo, a obrigatoriedade para o cumprimento rigoroso das tarefas se tornou um gatilho para tantos sentimentos ruins e doentios. Minha vida estava se tornando aos poucos um automatismo de cumprimento perfeito de regras impostas por mim mesmo.

Era comum de manhã cedo listar inúmeros compromissos a serem executados rigorosamente. Ao final do dia era sempre uma angústia quando me sentia no dever de "prestar contas" com Deus de tudo o que foi ou não feito. Não que Deus quisesse isso, mas eu assim entendia erroneamente que precisava fazer. Estava me tornando um "robozinho" programado para cumprir obrigações e deveres religiosos de forma irrepreensível e até escrupulosa. Percebi que essa autocobrança estava gerando muita ansiedade e tristeza interior além de tudo o que eu já via de ruim no noticiário e que me chegava no *Whatsapp* e redes sociais. Aquilo que deveria ser uma ferramenta para favorecer um equilíbrio interior, a vivência da prática religiosa e espiritualidade sadia, de paz, tornou-se um mostro, um pesadelo, um demônio que constantemente se apresentava para exigir de mim uma perfeccionista realização de obras. Até mesmo obras boas, mas que estavam me levando a fazer muitas coisas para Deus, sem ser d'Ele.

Naquela oração pessoal eu senti nitidamente Deus me falar: *"Por favor, não se torne o filho mais velho da parábola!"*. Confesso que tomei um grande susto e me pus a pensar profundamente sobre aquele pedido. Tive uma clara percepção que se tratava da parábola que nós nomeamos de "filho pródigo", mas que prefiro chamar de a parábola do "Pai misericordioso".

Nessa estória que Jesus contou para as autoridades religiosas do seu contexto. Aparece com evidência o filho mais velho (*cf. Lc 15, 1-3*). Seu nome não aparece, mas sabemos que ele era comprometido com os trabalhos da casa paterna. Inclusive, na parábola, ele é mencionado primeiramente como aquele que *"estava no campo." (cf. Lc 15, 25)*. Era um fiel cumpridor de regras e leis, como ele mesmo ressalta ao falar ao Pai que acolhe o filho novo arrependido: *"há tantos anos que te sirvo, sem jamais transgredir ordem alguma tua." (Lc 15, 29)*. Ele era como aquele jovem que, certa vez, disse a Jesus sobre o cumprimento dos mandamentos: *"Tenho observado tudo isso desde a minha infância". (Mt 19, 20)*.

Mas, se esse filho era alguém que já estava perto do Pai e além de tudo era um fiel cumpridor dos seus mandatos, por que então esse pedido de Deus a mim na minha oração?

Às vezes, na caminhada de fé, no serviço a Deus e ao seu Reino, corremos o risco de nos tornarmos um colecionador inveterado de honras e títulos espirituais. E como na lógica mundana, temos a tentação de, mesmo na vida espiritual, entrar na ideia do *"quanto mais tenho, mas quero!"*. Isso por vários fatores, dentre eles o da vaidade espiritual. O que era pulsante e notório na postura dos fariseus e que Jesus denunciava bravamente.

No livro *Deus na vida cotidiana*, o Padre Francisco Faus, que conheceu e pôde conviver como o fundador da *Opus Dei*, nos transmite um pensamento muito forte e bonito de São Josemaria Escrivá a respeito da importância do esforço contínuo para sempre querer agradar a Deus, mas sem perfeccionismo: .

> *O cristão não é nenhum colecionador maníaco de uma folha de serviços imaculados. Jesus Cristo Nosso Senhor não só se comove com a inocência e a fidelidade de João, como se enternece com o arrependimento de Pedro depois da queda. Jesus compreende a debilidade e atrai-nos a si como por um plano inclinado, desejando que saibamos insistir no esforço de subir um pouco, dia após dia (...) Jesus Cristo está sempre à espera de que voltemos para ele, precisamente porque conhece a nossa fraqueza.*[55]

O problema do filho mais velho não era o fato dele ser fiel cumpridor das regras paternas. Mas o fato de se apoderar disso para se sentir melhor do que o irmão que pecou, mas que voltou arrependido para cada paterna. É a autossuficiência espiritual de quem se acha melhor, perfeito e até julga, condena a alguém que não cumpri tudo o que ele cumpriu e tenta cumprir. E, além de tudo, levanta o falso testemunho ao dizer que o irmão mais novo esbanjou os bens com as prostitutas (*Lc 15, 30*), sendo que esse fato sequer é mencionado na parábola. Mas como ele sabia disso?

---

55 FAUS, Francisco. *Deus na vida cotidiana.* p. 104.

As palavras coléricas do filho mais velho ao Pai com relação ao irmão mais novo são estas: *"E agora, que voltou este teu filho, que gastou os teus bens com meretrizes, logo lhe mandaste matar um novilho gordo!" (Lc 15, 30)*. Ele não o chama de "meu irmão", mas "teu filho". Ele acusa o irmão de ter gastado os bens como meretrizes. Mas, como ele sabia exatamente disso? Se observarmos bem, este filho reclama direitos, mais como um empregado, um criado, um estranho do que como um filho que, de fato, o é. Tanto que o Pai insistentemente precisa lembrá-lo: *"Filho, tu estás sempre comigo, e tudo o que é meu é teu". (Lc 15, 31)*.

O Jesuíta Marko Ivan Rupnik, em seu livro *Abraçou-o e o cobriu de beijos* nos fala sobre este filho mais velho dizendo:

> *O filho mais velho, que parece homem trabalhador, obediente às regras, fiel à labuta diária, revela-se agora também como dissoluto, isto é, desordenado, porque, diante da festa do pai que recuperou o filho não quer entrar, não quer tomar parte numa alegria que deveria ser também sua, pois o irmão voltou são e salvo. Com esse gesto ele demonstra que não vive segundo a ordem da salvação, isto é, na relação pai-filho-irmãos; pelo contrário, considera mais importante outras coisas que o impedem de entrar em casa, isto é, entrar como salvo, como remido (cf. Mt 23, 13).* [56]

Este filho aparentemente "certinho", que em tudo buscava ser perfeito, nessas circunstâncias se re-

---

[56] RUPNIK, Marko Ivan. *Abraçou-se e o cobriu de beijos: Lectio divina sobre a parábola do Pai misericordioso*. p. 81.

vela obstinado, mesquinho, ciumento, invejoso, impaciente, fechado, cheio de ira, de julgamento e de condenação para com o irmão. Ele se mostra inflexível dentro dos seus padrões de justiça e de merecimentos. É escravo dos seus achismos. Os anos de proximidade e serviço ao Pai não transformaram o coração dele. Este é um risco que podemos correr mesmo estando na vida de Igreja servindo há anos. Na hora que alguém precisar da nossa acolhida, perdão e misericórdia, nós agirmos com legalismo, rigidez, crueldade e desamor.

Rupnik segue sua reflexão exortando a respeito do risco de uma prática religiosa sem uma autêntica relação com Deus:

> *Como pode ser trágico enganar-se na vida espiritual, quando se acredita ter uma mentalidade perfeita, ser justo, mas se relacionar com a Pessoa de Deus, com as Santíssimas pessoas da Trindade. Podemos conhecer teologia sem conhecer a Deus, e uma cristologia sem descobrir o Cristo. Quando os sistemas e linhas de pensamento criam um muro de separação com Deus, que deveriam ser alma vivificadora das próprias ideias e doutrinas, então a religião pode tornar-se perigo, e até mesmo uma ameaça para a paz e a convivência.*[57]

O que parece é que o irmão mais velho era tão imperfeito quando o mais novo. Ensimesmado e mergulhado em seus conceitos de perfeição, ele se apresenta como o mais fiel modelo de uma religiosidade fundamentalista, fanática e extremista que fere, opri-

---

[57] Ibidem. p. 84.

me e pode até matar. Como aqueles escribas e fariseus que, com pedras nas mãos, certa vez levaram uma mulher adúltera para ser julgada por Jesus (cf. Mt 8, 3). Ou aqueles religiosos da Sinagoga de Nazaré que cheios de fúria contra o Cristo: *"Levantaram-se e lançaram-no fora da cidade; e conduziram-no até o alto do monte sobre o qual estava construída a sua cidade, e queriam precipitá-lo dali abaixo"* (Lc 4, 29). Ou ainda como aqueles homens do sagrado que depois que souberam da ressurreição de Lázaro se reuniram em Conselho para planejar acabar com Jesus. Como diz o Evangelista São João: *"E desde aquele momento resolveram tirar-lhe a vida"* (Jo 11, 53). Se não descobrirmos e vivenciarmos bem os valores da religião e da espiritualidade cristã, também nós podemos nos tornar hoje esses assassinos daqueles que presumimos não merecer o amor de Deus.

Precisamos relembrar que esse "irmão mais velho" da parábola de Lucas 15, 11-32, representa aqueles homens do sagrado que perseguiam e criticavam Jesus, porque Ele acolhia os pecadores. Mas, o "irmão mais velho", o aparente filho bonzinho, correto e certinho em tudo, no fim das contas, foi o que se revelou o grande inquisidor do irmão mais jovem que voltou para casa. Em seu perfeccionismo, se mostra altamente desamoroso, impiedoso, impaciente, legalista, invejoso, colérico, mesquinho, maledicente, condenador.

Brennan Manning em seu livro *O impostor que vive em mim*, busca desvendar a verdadeira face do que era um fariseu no contexto dos Evangelhos, e não somente daqueles que tramaram a morte de Jesus no passado, mas "o fariseu interior" que muitas vezes trazemos em nós., em nossos pensamentos, sentimentos, palavras e gestos. Afirma:

> *Os fariseus investem muito em gestos religiosos visíveis, em rituais, em métodos e técnicas, gerando, em tese, uma gente santa, mas também crítica, robotizada, sem vida e tão intolerantes com os outros quanto é consigo; pessoas violentas, exatamente o oposto do que significa santidade e amor (...) Jesus não morreu por obra de assaltantes, estupradores ou assassinos. Ele foi morto por pessoas profundamente religiosas, os mais respeitados da sociedade.*[58]

Manning continua:

> *O fariseu interior é a face religiosa do impostor. O "eu" idealista, perfeccionista e neurótico é oprimido por aquilo que Alan Jones chama de "espiritualidade terrorista". Uma vaga inquietação por nunca viver um relacionamento adequado com Deus assombra a consciência do fariseu. A compulsão por se sentir seguro em relação a Deus alimenta esse desejo neurótico de alcançar a perfeição. Essa avaliação pessoal compulsiva, infindável e moralista torna impossível ao fariseu sentir-se aceito diante de Deus.*[59]

Essa sede insaciável por perfeição e impossibilidade de sentir-se aceito por Deus, a não ser que fizesse tudo perfeitinho dentro dos seus padrões de coerência, expressa muito bem a postura do Filho

---
58 MANNING, Brennan. *O impostor que vive em mim*. p. 91.
59 Ibidem. p. 95.

mais velho ao Pai da parábola. Vejamos que o seu perfeccionismo o cegou para o extremo amor do Pai, para a necessidade do perdão devido ao irmão caçula e até mesmo para a sua própria condição de filho querido. Infelizmente, ainda hoje, esse perfeccionismo religioso está na moda entre aqueles que já se consideram perfeitos. Mas com essa postura os impedem de entrar e participar da festa que representa a salvação não só do irmão mais novo arrependido, mas também a nossa. A parábola não tem final. Não nos conta se o filho mais velho entrou ou não para festa. Porque, na verdade, essa *é uma decisão que cada um de nós deve tomar.*

Desejo compartilhar um pouco da vida de um homem que, como o filho mais novo, percorreu caminhos muito obscuros e que provavelmente como "irmãos mais velhos" teríamos muita dificuldade de aceitar compartilhar da festa de retorno, festa da reconciliação que o divino Pai preparou para ele.

Jaques Fesch, quem é este homem? Ateu, ladrão, assassino, pai de uma garotinha chamada Verônica que, juntamente com sua mãe, foi abandonada por ele. Alguém com uma história familiar horrivelmente marcada por muitas feridas. O seu pai era rico, autoritário, adúltero, de um comportamento rude, tido como insuportável pelos parentes. Ele abandona Jaques com sua mãe que se dedicou a cuidar dele sozinha com muita dificuldade. Pois, desde pequeno, era um menino aparentemente muito reservado, que não gostava de estudar, tinha mania de destruição, maltratava os animais e realizava muitos atos de vandalismo. Um perfeito desajustado que vivia num mar de incoerências. Como ele mesmo disse em uma das suas cartas: *"terei pelo menos o mérito da fraqueza"*.

Lendo estas palavras talvez você pense e fale o que tantas vezes ouvimos alguém dizer a respeito de uma pessoa que tem uma vida marcada pelo erro e pelo pecado. Diriam: *"É, esse aí não tenho mais jeito! Não adianta nem tentar"*. Com isso nós desacreditamos na força transformadora que a Palavra de Deus possui e que Jesus veio para os doentes. Foram aqueles considerados "escórias da sociedade", os piores, os desprezíveis, foram esses que mais encontraram acolhida, ternura e um olhar misericordioso do Cristo Senhor. Pois ninguém estar perdido aos olhos de Deus.

Na tarde do dia 25 de fevereiro de 1954, Jacques, com uma ideia obsessiva de comprar um barco para navegar e fugir da vida que levava, vai a uma casa de câmbio na rua Vivvienne. Lá, com um revólver, exigiu a entrega do dinheiro que estava guardado na registradora. O cambista Alexandre Silberstein reagiu, sendo atingido com duas coronhadas na cabeça. Na fuga, com a quantia que havia roubado, Jacques numa rua movimentada, encontrou-se com um policial chamado Jean Vergnes, de 35 anos, viúvo e pai de uma pequena menina. O policial, que já sabia do ocorrido na loja de Câmbio, ordenou-lhe que se entregasse. Mas, ao contrário, ele atirou três vezes e matou o policial. Revoltada, a multidão começou a perseguir o assassino, que continuo a atirar e feriu uma pessoa de nome Leoir no pescoço. Por fim, ele se rendeu e foi preso e levado para à prisão de Santé, em Paris. Ao chegar *à* prisão, foi levado ao capelão a quem dirigiu as palavras: "Não tenho fé. Não se preocupe comigo".

Mas Deus tem seus planos de amor. Além do Capelão não ter desistido de Jacques, ia visitá-lo e lhe emprestava livros espirituais. O seu advogado Paul Baudet, era um católico fervoroso, e decidiu lutar, *não apenas pela liberdade do seu cliente, mas, sobretudo pela salvação de sua alma. Ele também passou a se corresponder com um antigo colega de escola que agora havia se tornado religioso.* E, embora ainda tenha passado um tempo resistente e cético, praticamente oito meses. O único mérito que ele dizia possuir era o "Mérito da fraqueza". Mas, no dia 28 de fevereiro de 1955, o prisioneiro teve uma experiência mística que mudou o percurso de seus dias. Ele mesmo descreve o seu primeiro encontro com Deus em uma carta. Vejamos que belo e forte relato.

> *Pouco a pouco fui obrigado a rever meus conceitos, não tinha mais certeza da inexistência de Deus (...) Me veio uma dor afetiva muito forte da qual sofri muito, brutalmente, e*

> *em poucas horas tive a fé, uma certeza absoluta. Acreditei e não compreendia mais como tinha sido possível deixar de crer. A graça me visitou, uma grande alegria me invadiu e, sobretudo, uma grande paz. Em poucos instantes tudo ficou claro. Foi uma alegria sensível muito forte, talvez tenha agora a tendência de querer senti-la ainda, quando o essencial não é a emoção, mas a fé.*[60]

Foi a partir desse momento que ele percebeu que a fé não é uma autossugestão, mas uma graça que vem de Deus. Antes, quando falavam de Deus para Jacques, ele dizia que Deus era uma tradição sem importância, uma bonita lenda e um consolo para aqueles que sofrem. Mas agora, com fé, ele mesmo dizia, que começou a viver de verdade. Deus é o seu Único.

> *Agradeço com todas as forças ao Senhor por ter tido piedade de minha miséria, por ter respondido aos meus crimes com seu amor (...) Pela primeira vez, choro lágrimas de alegria tendo a certeza do perdão de Deus e, agora, o Cristo vive em mim pelo meu sofrimento e pelo meu amor.*[61]

Jacques Fesch é um novo homem. Passa a levar uma vida mística de leituras espirituais como as Sagradas Escrituras e a vida de santos como: São Francisco de Assis, Santa Tersa d'Ávila, oração, penitência, devoção a Nossa Senhora e a comunhão eucarística. O capelão celebrava uma vez por semana e presidiu uma Missa particular dentro de sua cela. Apesar das

---

60 A.M.LEMONNIER. Apresentação: Michel Quoist. *Cartas de um Condenado:* Cartas da prisão de Jacques Fesch, guilhotinado aos 27 anos. São Paulo: Edições Paulinas, 1978.
61 Ibidem. p. 43-44.

circunstâncias difíceis de uma prisão, ele fez daquele lugar o seu caminho para o Céu. Se abandonou inteiramente à vontade de Deus. Resignado e feliz, ele simplesmente confia em seu amado Senhor.

Condenado à morte, não se desesperou, mas seguiu até o fim confiando na misericórdia de Deus. Dizia antes da sua execução: "Jesus prometeu levar-me logo para o Paraíso". Às 5h30min. do dia 1° de outubro de 1957 ele é guilhotinado. Exatamente na festa de Santa Teresinha do Menino Jesus, de quem ele era devoto, os guardas vão buscá-lo na cela e o encontram em oração de joelhos ao lado da cama. Suas últimas palavras foram: "Senhor, não me abandone, eu confio em Ti".

O processo de beatificação de Jacques Flesch foi aberto. Pois sua conversão foi sincera e radical. Em sua vida se aplica perfeitamente as palavras de São Paulo: *"Mas onde abundou o pecado, superabundou a graça" (Rm 5, 20)*. E as palavras do próprio Cristo Senhor: *"Haverá maior júbilo no céu por um pecador que fizer penitência do que por noventa e nove justos que não necessitam de arrependimento". (Lc 15, 7)*.

Jacques foi como o filho mais novo da parábola que volta e encontra o Pai amoroso de braços aberto e com o coração cheio de misericórdia. Este lhe perdoa e ama incondicionalmente.

Aceitemos o amor e o convite do Pai para que possamos participar desta festa que celebra a vida nova, o amor, o perdão, a misericórdia e a alegria do reencontro feliz. Peçamos ao Espírito Santo que venha nos curar de toda obstinação. Toda dureza e crueldade interior que não nos permite viver e celebrar a 'ressureição' de tantos irmãos e irmãs que estavam aprisionados em realidades obscuras de mortes, mas que caíram em si e voltaram arrependidos para casa e encontraram num olhar, num abraço, num beijo, numa acolhida misericordiosa inesperada de suas misérias a alegria do amor concreto. A celebração da misericórdia vivida e celebrada na qual todos nós precisamos estar.

Conclusão

"Basta-te a minha graça, porque é na fraqueza
que se revela totalmente a minha força."
(II Cor 12, 9)

Os pés de Pavão

Desde que entrei para o Convento e abracei a vida Franciscana Capuchinha, tive a graça de conhecer e conviver com vários frades, que são para mim exímios exemplos de vida cristã. Dentre eles, houve um que me é muitíssimo especial, chamava-se Frei Roberto Magalhães (*In memoria*). Um frade que faleceu com 99 anos, que tinha mais de 75 anos de vida sacerdotal. Uma voz cansada, cabelo e barba branquinha, um corpo frágil, mas um gigante na vida de fé e em suas obras missionárias. Sempre muito disposto para presidir a Santa Missa piedosamente, visitar enfermos, atender confissões. Um homem fervoroso na oração, simples, sábio, inteligente, gostava de cantar vigorosamente, era alegre com as crianças e cuidadoso com os animais.

Durante 18 anos ele me acompanhou com sua receptividade, acolhida fraterna, momentos de confissão e valiosos e sábios conselhos. Fiz várias Santas Missões Populares em sua companhia e sempre ele se apresentava aparentemente incansável. Desde o meu tempo de aspirante até me tornar sacerdote, sempre que o encontrava fazia de tudo para aproveitar a sua agradável e edificante presença. Muito da minha devoção a Santíssima Virgem Maria, amor a Igreja e zelo pelo Santíssimo Sacramento, eu aprendi com esse filho de São Francisco.

Certa vez, eu lhe pedi para me ouvir em Confissão e ele falou-me algo que jamais esqueci. Falava sobre o risco da vanglória. Da vaidade espiritual e da autossuficiência. Chamava a atenção para a necessária consciência que sempre devemos ter de que somos frágeis, limitados, imperfeitos e pecadores, mesmo tendo a graça de sermos imagem e semelhança de Deus. De sermos Templos vivos do Espírito Santo e termos recebido dele dons e graças abundantes.

Lembro-me muito bem de quando ele me perguntou: "Você já viu os pés do um Pavão?" Olhei espantado para ele e disse: "Não frei!". Ele disse: "O Pavão é uma das aves mais bonitas que existem. Suas penas são lindíssimas. Quando abre sua cauda em leque se torna grande e portentosa. Chama a atenção de todos. Mas o Pavão não tem só beleza, os seus pés são feios. Quando ele olha para os pés fica triste". E sorriu.

Aquelas palavras me tocaram profundamente. Fiquei muito reflexivo e confesso que logo em seguida já fui à internet e digitei no *Google* imagens: "Pés de Pavão". E vi que realmente, em meio a tanta beleza que há num Pavão, existe também a feiura dos seus horríveis pés. Assim, somos todos nós! Também possuímos muitas belezas, potencialidades, dons, porém, temos também "pés de Pavão". Que são os nossos defeitos, erros, pecados e fragilidades humanas.

Em uma sociedade que exalta e valoriza apenas aquilo que é imposto como belo, nenhum tipo de imperfeição que venha ferir os padrões previamente estabelecidos será bem-vindo e aceito. É necessário mostrar, de forma ostensiva, tudo o que temos de bom, forte, atraente, mas as imperfeições, defeitos, limites, fraquezas, não! Esses devem ser escondidos ou pelo menos maquiados por trás de filtros, de palavras e sorrisos falsos.

Temos medo e vergonha do que julgamos feio e frágil em nós. E, por isso, lutamos arduamente para escondê-los. O problema é que, mais cedo ou mais tarde, as máscaras não se sustentam e caem, as armaduras se quebram e os papéis encenados ao longo da vida, se tornam insustentáveis e os bastidores obscuros e bagunçados logo tomam evidência e aparecem. Aí se vê que nem toda aquela aparente beleza, força, alegria, simpatia, serenidade, espírito caritativo, pró-atividade era totalmente real embora fosse capaz de despertar muita segurança em nós e nos outros. Gostamos de mostrar as nossas plumagens bonitas de pavão, mas tratamos de esconder os nossos pés que nos envergonham.

São Paulo escrevendo a comunidade de Corinto abre o seu coração e diz:

> *Demais, para que a grandeza das revelações não me levasse ao orgulho, foi-me dado um espinho na carne, um anjo de Satanás para me esbofetear e me livrar do perigo da vaidade. Três vezes roguei ao Senhor que o apartasse de mim. Mas ele me disse: "Basta-te minha graça, porque é na fraqueza que se revela totalmente a minha força". Portanto, prefiro gloriar-me das minhas fraquezas, para que habite em mim a força de Cristo. (II Cor 12, 7-9).*

Não sabemos exatamente o que era este "espinho na carne" do apóstolo. E talvez seja até bom que não saibamos. Esse espinho cravado que não deixava São Paulo se envaidecer por tudo o que Deus já havia realizado nele e através dele, são os seus "pés de pavão". Diante de tamanha grandeza e beleza que foi a missão dele, havia essa realidade específica que também o colocava no lugar dos imperfeitos, frágeis e vulneráveis, daqueles que dependem da graça do Senhor Deus e não apenas de suas próprias capacidades. *"Este poder que a tudo excede provém de Deus e não de nós mesmos"* (II Cor 4, 7).

Todos nós temos os nossos "pés de pavão" e o nosso "espinho na carne". Isso nos aflige, nos inquieta, nos envergonha, nos humilha. Mas porque Deus não tira isso de nós? O próprio São Paulo nos diz que, mesmo depois de rezar três vezes, Deus não retirou para que ele não mergulhasse no pecado do orgulho. Inquietações, dilemas, provações e tentações fizeram, fazem e sempre vão fazer parte de nossa caminhada rumo ao Céu. Precisamos saber acolher e, com sabedoria, interpretá-los muito bem, para que tudo isto que faz parte do processo de maturação e santificação nos leve consequentemente a perfeição na Pátria Celeste.

Creio que, de fato, talvez Deus não vá retirar de nós alguns "espinhos" e nem "os pés de pavão", pois nos conhecendo muito mais do que nós mesmos, Ele sabe que muitas vezes são essas realidades que não nos deixa sair dos seus pés. Pois no dia que nos percebermos totalmente absolutos e sem defeitos, nos sentiríamos deuses e O abandonaríamos ainda mais facilmente do que por vezes já O abandonamos. Reconheçamos que somos sim defeituosos e necessitados de Sua graça e do Seu amor e que não há vergonha nenhuma depender d'Ele. O melhor lugar para estarmos durante toda a nossa vida é nas mãos de Deus.

O livro *A coragem de ser imperfeito: Como aceitar a própria vulnerabilidade, vencer a vergonha e ousar ser quem você é* da Brené Brown é um *best-seller* que já ocupou o primeiro lugar na lista do *The New York Times*. Nesse livro, a autora fala sobre a importância de aceitar a própria vulnerabilidade como um caminho existencial de autorrealização:

> *A percepção de que estar vulnerável seja sinal de fraqueza é um mito mais amplamente aceito sobre a vulnerabilidade – e também o mais perigoso. Sentir é estar vulnerável. Acreditar que vulnerabilidade seja fraqueza é o mesmo que acreditar que qualquer sentimento seja fraqueza. Abrir mão de nossas emoções por medo de que o custo seja muito alto significa nos afastarmos da única coisa que dá sentido e significado*

> à vida. Quando estamos vulneráveis é que nascem o amor, a aceitação, a alegria, a coragem, a empatia, a criatividade, a confiança e a autenticidade. Se desejamos uma clareza maior em nossos objetivos ou vida espiritual mais significativa, a vulnerabilidade com certeza é o caminho.[62]

Acredito e concordo que, de fato, sentir é viver e viver também é se reconhecer vulnerável. Ninguém é uma pedra de mármore fria e dura. Embora, por vezes, queira parecer ser. Mesmo aqueles que se afirmam racionais e pragmáticos demais, também esses possuem sentimentos e consequentemente, em alguma instância, são vulneráveis em sentir e manifestar suas emoções. Também sou de acordo que a consciência e aceitação da própria vulnerabilidade faz nascer em nós coisas boas. *"Porque, quando me sinto fraco, então é que sou forte"* (II Cor 12, 10).

Por exemplo, como compositor, percebo que as minhas melhores músicas nasceram em momentos em que eu me sentia muito frágil, fraco e limitado. Não que esse processo criativo não possa nascer de outra forma, mas comigo eu percebo que, na maioria das vezes, foi e é assim. São Francisco de Assis compôs lindamente estrofes do cântico das criaturas nos últimos momentos da vida, já muito debilitado e fraco. A debilidade é um terreno fecundo para que a força e a

---

62 BROWN, Brené. *A coragem de ser imperfeito*: Como aceitar a própria vulnerabilidade, vencer a vergonha e ousar ser quem você é. pp. 27-28.

ação de Deus possam se manifestar. A vulnerabilidade pode ser e é um chão para muita beleza.

São Paulo escrevendo aos Coríntios diz: *"Levamos este tesouro em vasos de barro, para que se manifeste que sua força superior vem de Deus e não de nós."* (II Cor 4, 7). Essas palavras nos ajudam a entender muito bem o que é próprio da nossa condição humana e o que é próprio de Deus em nós. Somos como "vasos de barro", podemos ser úteis e belos, como vemos que um vaso de barro pode ser. Porém, trazemos a fragilidade que é própria de um objeto de barro, que pode rachar, cair e facilmente se quebrar em vários pedaços.

Essa comparação entre a nossa fragilidade humana a imagem de um vaso de barro não é para que nos depreciemos e que caiamos em uma baixa autoestima tendo uma péssima imagem de nós mesmos. Não é isso! Pois, mesmo assim vulneráveis, fracos, limitados, Deus nos quer, nos chama, nos elege, e nos enriquece com os seus tesouros, os seus dons e carismas. Mas precisamos estar sempre conscientes de que todas estas riquezas são d'Ele. Como rezamos em um trecho do Hino *Veni Creator*: *"Se temos algum bem, virtude ou dom. Não vem de nós, vem do teu favor"*. E isso é uma grande verdade que deve se fazer presente sempre em nossas mentes e em nossos corações. Somos os vasos que carregam tesouros preciosos do grande Rei, o Altíssimo Deus.

Algo que dificulta esta consciência e aceitação da própria fragilidade e vulnerabilidade humana é o egoísmo. O desejo de ser o deus de si mesmo. A centralidade do próprio eu em tudo o que se faz. Muitas vezes, por possuí uma beleza física evidente, um grau de inteligência mais elevado, um poder aquisitivo alto, por pertencer a uma família nobre ou morar em um lugar de luxo, ou mesmo nem ter nada disso, mas achar que o mundo deve girar em torno de si. Um bastar-se a si mesmo. O egoísmo é inimigo do amor. É o veneno de qualquer relação, inclusive com Deus.

Existe um conto antigo difundido por um movimento místico e espiritual judaico que floresceu no leste europeu entre os séculos XVIII e XIX chamado Hassidismo. O nome é dado a partir da palavra hebraica *hesed* que significa basicamente misericórdia, piedade.

> *Um justo morre e vai para o céu. Recebido por Deus, faz o tour do paraíso. Ouve um som ensurdecedor vindo de uma porta fechada. Pergunta a Deus o que as pessoas estão gritando e o que é aquela porta fechada. Deus responde que aquilo atrás da porta é o inferno e diz ao justo que abra a porta para saber o que gritavam. Ele abre e ouve: "Eu! Eu! Eu!*[63]

Deus nos olha com amor, misericórdia e compaixão e nos ensina que a chave para uma verdadeira vocação feliz não se pode alcançar sem abertura, em-

---

[63] PONDÉ, Luiz Felipe. *Espiritualidade para corajosos*: Busca de sentido no mundo de hoje. São Paulo: Planeta do Brasil, 2018. pp. 95-96.

patia, alteridade, respeito, doação, respeito e amor ao outro. Em um mundo cheio de coraçõesególatras é difícil assumir a verdade de que o amar me torna vulnerável, pois me faz descer do pedestal das minhas arrogâncias, porém é também a força mais transformadora e redentora que há no mundo.

No auge na Pandemia da Covid-19, no dia 27 de março de 2020, na Praça de São Pedro, incrivelmente deserta e silenciosa, o Papa Francisco se referindo ao momento pandêmico como uma tempestade, na *Statio Orbis* falou ao mundo inteiro dizendo:

> *A tempestade desmascara nossa vulnerabilidade e deixa a descoberto as falsas e supérfluas seguranças com que construímos nossos programas, nossos projetos, nossos hábitos e prioridades. Com a tempestade, caiu o disfarce dos estereótipos com que mascaramos nosso "eu", sempre preocupados com a própria imagem; e ficou a descoberta, uma vez mais, aquela (abençoada) pertença comum a que não podemos nos subtrair: a pertença como irmãos.* [64]

Precisamos uns dos outros. Não podemos nos salvar sozinhos. A pandemia nos mostrou o quanto somos carentes de cuidado mútuo. Cuidar exige doação, entrega, serviço, sacrifício e muito amor. Mas o egoísmo reinante nos corações impede um mundo mais justo e fraterno. Muitas vocações parecem fracassar porque não aceitam mais o sacrifício, o esforço necessário que exige uma vida madura e uma cami-

---

64 FRANCISCO. Por que sois tão medrosos? Ainda não tendes fé? *Statio Orbis* (27 de março de 2020) Libreria Editrice Vaticana. pp. 31-33.

nhada de fé. Eu não posso ser padre para mim mesmo, ninguém deve casar querendo que o outro me faça feliz o tempo todo. Aliás, aqui na Terra, ninguém é feliz o tempo todo. A dor, o sofrimento, o fracasso, as quedas, tudo isso faz parte da condição humana e para sermos verdadeiramente felizes é necessário compreender bem isso.

Existe uma música que se tornou muito especial ao meu coração, pois foi resposta de Deus para mim em um momento de grande aridez espiritual. Eu estava sozinho indo em missão. Era uma viagem um pouco longa e eu ia dirigindo. Nesses momentos, gosto muito de ouvir músicas e nesse dia escolhi um CD aleatoriamente e comecei a escutar. Confesso que mais para me distrair e passar o tempo. Mas Deus resolveu falar comigo de uma forma muito concreta como há muito tempo não falava.

Uma música que já conhecia e já havia escutado tantas vezes. Mas nunca como daquela vez. A música chama-se *"Rede Rasgada"* de uma Banda católica chamada *Maior Sonho*. A letra que rapidamente chamou minha atenção diz: *"Ah, por que escolhes o pecador? Homem ingrato, pescador. Que agora pesca almas. Aquele que duvidou. A pedra que mais falhou. A barca que frágil vai pescar. Sou tão imperfeito amor. Mais sujo pregador que afunda ao perder teu olhar. Sim, rede rasgada eleita por Deus. Aquele que te negou, por medo te abandonou. Aquele que eu insisto em ser. Sou alvo de um grande amor. Sou tão fraco seguidor. Sou nada no tudo que é te ter. Sim, rede rasgada eleita por Deus".*

Lembro-me que, naquele momento, chorei copiosamente e uma paz invadiu minha alma, pois entendi muito bem o que o Senhor me falava. Assim hoje me vejo, uma "Rede Rasgada", cheio de falhas, defeitos, erros e pecados, frágil e imperfeito, mas chamado, eleito, consagrado por Deus, profundamente desejoso pela santidade, pelo Céu.

Temos em nós duas realidades que nos igualam bastante. A primeira é esta condição de imperfeitos. Essa nos envergonha, entristece, por vezes nos fadiga e oprime. A segunda é a graça de filhos amados por Deus. Esta nos eleva, nos valoriza e nos dignifica. Somos sim, redes rasgadas, mas eleitos por Deus.

Há alguns anos li em um livro uma parábola muito bela que ilustra muito bem o que acabo de dizer. Vejamos:

> *Um carregador de água da Índia levava dois potes grandes, ambos pendurados em cada ponta de uma vara que ele carregava atravessada em seu pescoço. Um dos potes tinha uma rachadura, enquanto o outro era perfeito e sempre chegava cheio de água no fim da longa jornada entre o poço e a casa do chefe; o pote rachado chegava apenas pela metade. Por dois anos, diariamente, o carregador entregou um pote e meio de água na casa de seu chefe. Claro, o pote perfeito estava orgulhoso de suas realizações. Porém, o pote rachado estava envergonhado de sua imperfeição, sentindo-se miserável por ser capaz de realizar apenas a metade do que ele havia sido*

designado a fazer. Após perceber que por dois anos havia sido uma falha amarga, o pote falou para o homem um dia à beira do poço. - Estou envergonhado e quero lhe pedir desculpas. – Por quê? – Perguntou o homem – de que você está envergonhado? - Nesses dois anos eu fui capaz de entregar apenas metade da minha carga porque essa rachadura no meu lado faz com que a água vaze por todo o caminho da casa do seu senhor. Por causa do meu defeito, você tem que fazer todo esse trabalho e não ganha o salário completo dos seus esforços, disse o pote. O homem ficou triste pela situação do velho pote e com compaixão falou: - Quando retornamos para a casa de meu senhor quero que percebas as flores ao longo do caminho. De fato, à medida que eles subiam a montanha, o velho pote rachado notou as flores selvagens ao lado do caminho, e isto lhe deu ânimo. Mas ao fim da estrada, o pote ainda se sentia mal porque tinha vazado a metade, e de novo pediu desculpas ao homem por sua falha. Disse o homem ao pote: - Você notou que pelo caminho só havia flores no seu lado. Eu, ao conhecer o seu defeito, tirei vantagem dele. E lancei sementes de flores no seu lado do caminho, e cada dia, enquanto voltávamos do poço, você as regava. Por dois anos eu pude colher estas lindas flores para ornamentar a mesa do meu senhor. Sem você ser do jeito que é, ele não poderia ter esta beleza para dar graça a sua casa.[65]

Podemos refletir. Cada ser humano tem virtudes e defeitos e, por isso, não podemos humilhar e nem desmerece ninguém. No fundo, no fundo, todos nós temos um pouco ou muito desse "pote rachado". Porém, temos esperança e com fé e paciência, poderemos tirar proveito dessas rachaduras e assim regar as flores das oportunidades de crescimento e maturidade ao longo dos caminhos da vida. Aquilo que é defeituoso em nós, tocado por Deus em Sua grande

---

65 ALMEIDA, Assis. *Histórias interessantes*. Vol. II. Ilustrações: Audifax Rios. 3ª edição. Premius editora. 2004. pp. 135-137.

onipotência, pode transformar-se em uma fonte de beleza e salvação na vida de alguém. E eu rogo que assim Seja Senhor!

Bibliografia

A. M. LEMONNIER. Apresentação: Michel Quoist. *Cartas de um Condenado:* Cartas da prisão de Jacques Fesch, guilhotinado aos 27 anos. São Paulo: Edições Paulinas, 1978.

ALMEIDA, Assis. *Histórias interessantes.* Vol. II. Ilustrações: Audifax Rios. 3ª edição. Premius editora. 2004.

BONHOFFER, Dietrich. *Discipulado.* Trad.: Murilo Jardelino e Clélia Barqueta. 1ª edição. São Paulo: Mundo Cristão. 2016.

BROWN, Brené. *A coragem de ser imperfeito*: Como aceitar a própria vulnerabilidade, vencer a vergonha e ousar ser quem você é. Trad.: Joel Macedo. Rio de Janeiro: Sextante, 2016.

CANTALAMESSA, Raniero. *Amai-vos até o fim.* Trad.: Isaias Silva Pinto. 1ª Edição. *São Paulo: Ave Maria, 2020.*

CANTALAMESSA, Raniero. *Apaixonado por Cristo*: O segredo de Francisco de Assis. Trad.: Zenit Books Innovative Media. 2ª Edição. São Paulo: Edições Fons Sapientiae, 2019.

CANTALAMESSA, Raniero. *O rosto da misericórdia.* Trad.: Mário José dos Santos, ssp. Lisboa: PAULUS Editora. 2016.

CATECISMO DA IGREJA CATÓLICA. Edição Revisada de acordo com o texto oficial em Latim. 9ª Edição. Coedição: Loyola, Ave-Maria, Editora Vozes, Paulinas, Paulus Editora. São Paulo: Edições Loyola, 1999.

COMPÊNDIO DO VATICANO II. Constituições, Decretos, Declarações. Coordenação Geral: Frei Frederico Vier, OFM. Petrópolis, RJ: Editora Vozes, 1982.

DAIGNEAULT, André. *O Caminho da imperfeição*. 1ª Edição. Fortaleza-CE: Edições Shalom, 2004.

DOSTOIÉVSKI, Fiódor. *Crime e Castigo*. Trad: Paulo Bezerra. São Paulo: EDITORA 34, 2019.

FAUS, Francisco. *Deus na vida cotidiana*. São Paulo: Cultor de Livros, 2019.

FONTES FRANCISCANAS E CLARIANAS. Trad.: Celso Márcio Teixeira...[Et.al.]. Petrópolis, Rj: Vozes, 2004.

FRANCISCO, *Evangelii Gaudium*. A Alegria do Evangelho. 1ª Edição. São Paulo: Paulinas, 2013. (Coleção Voz do Papa).

FRANCISCO. *Christus Vivit. Aos Jovens e a todo o povo de Deus. 1ª Edição. São Paulo: Paulinas, 2019. (Coleção Voz do Papa).*

FRANCISCO. Exortação Apostólica *Gaudete et Exsultate*. Sobre o Chamado à Santidade no mundo atual.

1ª Edição. São Paulo: Paulinas, 2018. (Coleção Voz do Papa).

FRANCISCO. Por que sois tão medrosos? Ainda não tendes fé? *Statio Orbis* (27 de março de 2020) Libreria Editrice Vaticana.

GALVÃO, Francisco. *O cultivo espiritual em tempos de conectividade*1ª Edição. São Paulo: PAULUS, 2018.

GRÜN, Anselm. *Atitudes que transformam como vivemos:* como poderíamos viver. Trad: Newton de Araújo Queiroz. Petrópolis-RJ: Vozes. 2017.

HALÍK, Tomás. *Toque as feridas: sofrimentos,* confiança e a arte da transformação. Trad.: Markus A. Hediger. Petrópolis, RJ: Vozes, 2016.

https://www.acidigital.com/noticias/integra-homilia-de-frei-raniero-cantalamessa-na-celebracao-da-paixao-do-senhor-no-vaticano-56731

IMITAÇÃO DE CRISTO, Trad. do Texto Latino. Reflexões: Pe. J. I. Roquette. 22ª Edição. Editora Ave Maria: São Paulo. 2014.

JESUS, Teresa de. *Caminho de Perfeição*. Nova Edição revisada da Trad. do Convento de Santa Teresa do Rio de Janeiro. São Paulo: Paulus, 1977. Coleção Espiritualidade.

JESUS, Teresa do Menino. *História de uma Alma*. Minha Biblioteca Católica. 2018.

JOÃO PAULO II. Carta Apostólica *Salvifici Doloris*. O Sofrimento Cristão do Sofrimento Humano. São Paulo: Paulinas, 2009. (Coleção Voz do Papa).

KOLODIEJCHUK, Brian. *Madre Teresa*: Venha e seja minha luz. Trad.: Maria José Figueiredo. – Rio de Janeiro, RJ: Thomas Nelson Brasil, 2008.

LEWIS, C.S. *Cartas de um diabo a seu aprendiz*. Trad.: Paulo Salles. São Paulo: Editora WMF Martins Fontes, 2009.

LEWIS, C.S. *Cristianismo puro e simples*. Trad.: Álvaro Oppermann e Marcelo Brandão Cipolla. Revisão de Trad.: Luiz Gonzaga de Carvalho Neto e Marcelo Brandão Cipolla. 3ª Edição. São Paulo: Editora WMF Martins Fontes, 2009.

MANNING, Brennan. *O impostor que vive em mim*. Trad.: Marson Guedes. 2ª Edição. São Paulo: Mundo Cristão, 2007.

O'MALLEY, Seán. *Gambiarras de luz*. Prior Velho: Paulinas: 2019

OCCHETTA, Francesco. *Carlo Acutis:* A vida além dos limites. Trad.: Adriana Zuchetto. São Paulo: Paulinas, 2018.

OLIVEIRA, José Antonio Netto de. *Perfeição ou Santidade e outros textos espirituais*. 5ª Edição. São Paulo: Edições Loyola, 2000.

PETER, Ricardo. *A imperfeição no Evangelho*. Trad.: Alda da Anunciação Machado. – São Paulo: Paulus, 2000. (Psicologia Prática).

PETER, Ricardo. *Respeita os teus limites:* Fundamentos filosóficos da terapia da imperfeição. Trad.: José Maria de Almeida. São Paulo: Paulus, 1999. (Psicologia Prática).

PONDÉ, Luiz Felipe. *Espiritualidade para corajosos*: Busca de sentido no mundo de hoje. São Paulo: Planeta do Brasil, 2018.

RANGEL, Alexandre. *As mais belas parábolas de todos os tempos*. Vol. I. Petrópolis, RJ: Vozes, 2015.

RUPNIK, Marko Ivan. *Abraçou-se e o cobriu de beijos*: *Lectio divina sobre a parábola do Pai misericordioso*. Trad.: Euclides Martins Balancin. São Paulo: Paulinas, 2005. – (Coleção Água Viva).

SALES, São Francisco de. *Filoteia: Introdução à vida devota*. – Dois Irmãos, RS: Minha Biblioteca Católica, 2019.

SANTO AGOSTINHO. *Confissões*. Trad.: J. Oliveira Santos e A. Ambrósio de Pina. Petrópolis, RJ: Editora Vozes, 2011.

SCQUIZZATO, Paolo. *Elogio da vida Imperfeita:* O caminho da fragilidade. Trad.: Adriana Zuchetto, São Paulo: Paulinas, 2019.

SIMARD, Jean-Paul. *Espiritualidade*: Os recursos da alma para cura dos Sofrimentos e das Doenças. Trad.: Marcelo Dias. São Paulo: Paulinas, 2016. (Coleção Saúde e Bem-estar).

TERTULIANO, CIPRIANO, AGOSTINHO. *Sobre a Paciência*. Trad.: Pe. Cléber Eduardo dos Santos Dias. Edição Bilíngue. Porto Alegre, RS: Concreta, 2016. Coleção Patrística.

TISSOT, Joseph. *A arte de aproveitar as próprias faltas*. Trad.: Emérico da Gama. 4ª Edição. São Paulo: Quadrante, 2015.

ANGELVS
EDITORA

www.angeluseditora.com

Este livro foi impresso pela Gráfica Loyola